一人の父親が息子の為に書いた自分史

A father's life written for his sons

付録：65年昔の手紙

Appendix : Letters of 65 years ago

柴家 茂＝著

柴家 嘉明＝編

東京図書出版

前口上

二年ほど前、「65年昔の手紙」を公開した時に私は、その冒頭で次のように書いた。

私は英語教員であるので、英語教育に関し何か意味のあるかもしれぬことがらを書けばよいのであるが、つい最近、ごく親しい一人の男性がすべての書簡類を廃棄処理するに際し、子の為に残したいとPCに転写したものを目にした。私には何かしらの興味（歴史的時代的興味）を持たれる方もおられるのではと思われたので、本人の承諾を得て以下にそのまま載せることにした。載せて差し障りのあるかもしれぬ名はイニシャルに変更した。

これと同じ事情と理由をもって、父が二人の息子の為に残したいと考えて書いた「自分史」をここに公開したいと思う。今回は、一冊の本、すなわち、一人の個人がもう一人の個人に、両者の間の時空の差を克服しつつ、具体的媒体を通し直接何かを伝えるという、人間の知的活動に関わる根源的一形態であり続けてきた、しかもより高い想像力を働かせてくれる（と私には思われる）、一冊の本というかたちで。

最後に、この「一冊の本」の作成にあたりお世話頂いた、東京図書出版の中田典昭社長、和田保子様（編集）、平澤美幸様（レイアウト）、溝口南様（校正）、ならびに同出版社の皆様、そしてシナノ書籍印刷の皆様に、心から感謝します。

二〇一六年七月

柴家嘉明

まえがき

平成3～4年頃〝私だけの自分史〟という装丁もしっかりした小冊子を妻と二人分、長男の嫁から手渡されたが、筆不精でもう一寸先でも良いかと怠けているうちに妻が他界し、仕事も辞めていたので、ぼつぼつ書き進め平成12年頃に一応書き終えた。〝私だけの自分史〟は150の設問があり、之に答えることと、余白に書き足す仕組みになっており、私のような筆不精にも書き続けさせる威力があり、大いに助かったが、私のように曲がりくねった道を歩いた者にとっては、読み返すのにも一苦労する程で、〝私だけの〟と云いながら、内心では、誰かに読んでもらいたい気持ちもあり、之はこれなりに残すとして、もっと多岐にわたる道草を順序よく書きかえて、自分の息子に語りかけるように、且つ原案の余白部分をもっと広げてみたいと思い立ち、パソコンを利用しての作業にとり掛かった。

一人の父親が息子の為に書いた自分史◎目次

出生・生い立ち及び幼年期

●生年月日

大正14（1925）年1月12日。

●生まれたところ

恐らく大分県大分郡三佐村大字海原新町59番地。

物心ついた時は別府市朝見で暮らしていた。何歳の時かに移住したものと思われる。

●元気な赤ちゃんでしたか

普通の赤ちゃんだったと思う。姉たちから何も聞いてないから。当時は滅多に写真は撮らなかったが、ただ1枚の母の写真が私を抱いたものなのに驚く。

●名前は誰がつけましたか（どんな願いをこめたのでしょう）

全く分からない。

●何人兄弟ですか（どんな兄弟ですか）

長女・みどり（10歳上）、二女・スミエ（8歳上）、長男・生太郎（4歳上）、二男・茂、三男・岩夫（2歳下）と5人兄弟。長女みどりは岩田高女を卒業、美貌で将来を嘱望されたが20歳で夭折、次女スミエは活発で鶴崎高女を卒業し、大在の姫野正利に嫁したが夫が死亡し未亡人となった。長男生太郎は秀才で大分工業、神戸高等工業を卒業し東芝に就職したが、兵役にて病となり自宅療養の甲斐もなく31歳で死亡した。弟岩夫は海軍少年通信兵を志願し昭和19年、鹿屋基地から重爆に通信兵として搭乗し、台湾沖海戦にて戦死した。

●故郷はどんなところですか（三佐村）

大分市の南側に位置し、大野川の支流、乙津川がさらに分流して三角州を作り別府湾に注ぐ、その三角州が三佐村で隣の鶴崎町、桃園村に行くには橋を渡らねばならなかった。漁業や農業で生計を立てていた。大工や左官が多かった。

父は小学校4年?卒業すると直ぐ竹田（軍神、広瀬中佐の出身地）で住み込みの大工見習いとなったとのことだが、最初のうちは子守や洗濯などをやらされたらしい。その後、努力の甲斐あって、「柴家組」という請負会社を起こし、別府市朝見に2軒か3軒の借屋を建てその内の1軒に母正エ、次女スミエ、長男生太郎、小生茂、三男岩夫が住み、父は殆ど家に居なかった。一方三佐村の家には祖父母と長女みどりの3人が住み、みどり姉は大分市の岩田高等女学校に通っていた。

●思い出のオモチャは

オモチャというものはなかったように思う。殆ど家の中で遊んだ記憶がない。

●近所にどんな人が居ましたか（別府朝見の家）

田んぼの中の一軒屋で、長屋風の隣家にどんな人が住んで居たか覚えていない。また関心もなかった。向こう三軒、両隣はない。

●家の間取りなど（別府朝見の家）

玄関を入ると土間、すぐ3畳の間、その奥が茶の間、その奥が台所で勝手口があり外へ出られる扉があった。茶の間と台所の横並びに二つ和室があり、一番奥が8畳の客室で床の間、違い棚などがあり、その南側が廊下でその突き当たりがトイレで夜トイレに行くのが怖くて皆に笑われた。玄関を入って直ぐ右側に2階に上がる階段があり、そこに小さな空間があり、メンコやビー玉の戦利品を収納していた。他の間取りは覚えていない。

●おじいちゃん、おばあちゃんはどんな人でしたか

おじいちゃんは話によると仏源さん（名前が源次郎）と呼ばれ、人に好かれ慕われていたようだ。俳句や彫刻もやっていたらしく、仏様の下の物置から資料が見付かった。

おばあちゃんはシモの名家（御手洗佐渡守の子孫）から嫁入りした。美人だったらしくまた穏やかな人柄であった。どちらも82～83歳まで存命された。おじいちゃんは昭和2年に他界したが、別府に住んでいた我々子供は葬儀にも出ず、殆ど記憶にない。三佐村に帰って、おばあちゃんとはよく一緒に風呂に入ったりした。「茂は魚を食べるのが下手じゃのー」とよく云われた。おばあちゃんの箸使いは見事で、魚をきっちり骨と皮にし、そのあとお湯をかけて飲み、皿を綺麗にして私の顔を見るのであった。

●先祖・家柄について聞き伝えがありますか

清和天皇17代源頼氏を1代として、私はその子孫にあたるらしい。長男弘明が熱心に調査、記録している。大分市三佐の尋声寺《じんしょうじ》に存置されている、柴屋両賀、柴山勘兵衛も先祖の一族であるとされている。

母、正エは20歳の時、大分郡千歳村より嫁入り（父、性九郎27歳）。5人の子供を残して39歳でこの世を去った。その時私は6歳、岩夫は4歳であった。

兎に角、物心ついた時は、朝から晩まで朝見の空の下、遊びまくっていたように思う。友達は、佐藤五郎さんとその友達、また「ぼっちゃん」という同年輩の可愛い坊やが居て、我が家の南方50～60m程のところの赤い瓦の洋館に住んでいて、お母さんがとても優しくて、おいしい菓子を、広い洋間でご馳走になったことを覚えている。ぼっちゃんの家と我が家の間は田圃であった。

当時流行っていた遊びは、パッチン＝メンコ（打ち出し）（表面に綺麗な武者模様等の絵が描いてある丸い厚紙を地面に置き、交互にメンコを打ち付けて裏返せばそれを獲得する）・ビー玉（小さなガラス球……きれいな模様が中に埋めこまれた……球を交互に相手の球にぶつけ、ぶつかればその球を貰う）・ねん棒（径3～4㎝くらいの木切れ、30㎝程の長さで、その先端を斧で削り鈍く尖らせ、土中に打ち込み、それを打ち倒せば自分のものとなる）。パッチンとビー玉は誰にも負けたことはない。然しねん棒は、兄には絶対敵わなかった。そしてこの遊びは兄とのみの勝負であった。どんなに頑張っても、一生懸命に作った、ねん棒を奪い取られてしまうのだった。あまりの悔しさに兄に武者ぶりついて泣きながら拳で胸をトントンと叩いたことを今でも覚えている。スミエ姉は「少し手心を加えてやればいいのに」とか陰で云っていたようだが。泥まみれの手で涙を拭いながら「大きくなったら見ちょれ」と叫んでいた。兄は絶対に手心を加えることはなかった。こちらは5～6歳、先方は小学生3～4年生、敵うわけがない。

三佐村の家は父25歳の時に新築したと聞いている。相当に頑張ったんだなと思う。父は若くして請負を始め、安い金額で請負い、朝早くから夕方遅くまで働いて利益を叩き出していたらしい。川添村（父の直ぐ下の妹の嫁ぎ先）の小学校を請負った時の話で、村人達が朝早く畑に行く時には既に仕事をしており、夕方帰る時まだ仕事をしているので、あの大工さん達は一体何時寝るんだろうと評判になったという。昭和6年4月、一家は別府朝見を引き揚げ、三佐村に引越し、4月6日、三佐尋常小学校に入学し、1年生としてハナ、ハト、マメ、マス、カラスガイマス、スズメモイマス……などと勉強することになった。

小学校時代

●入学時の思い出は?

一年生の受け持ちは外山キヨ先生で、40〜50歳位のやせぎすの背の高い目のキリッとした女先生でとても優しく、学校に行くのが楽しみであった。友人も新しくすべてが新鮮であった。

●学校の様子は?

小学校1年生から6年生、高等科2年生まで、各学年は約100名で、小学4年生までは男女共学、5年生より男子と女子は別クラスとなった。

校庭の一隅に築山があり、大きな楠の木が聳え立ち、正門を入って直ぐ右横に奉安殿があった。道路沿いは松の木がずらりと続きその先に「おしみやさま」という神社があった。

●思い出に残る友達は?

竹内健一(死亡)、桜井信雄(大分中〜予科練、戦死)、河村太郎(大分商〜大工棟梁)、疋田功(大分商〜鶴崎海運社長)、竹内喜久雄(2年後輩〜大分工)。

●思い出に残る先生は？

外山先生（1年生）、牧太郎先生（5、6、高1）。平成8年秋クラス会を催し御会いし、平成9年夏にご自宅にお伺いした。また昭和33年ごろ蒲田のアパートに一泊してくれた。

●得意・不得意な科目・スポーツ他は？

国語、算術、国史が得意で、唱歌は不得意であった。スポーツは陸上競技（主として走り幅跳び、三段跳び）、バスケットボール、野球。

●身体の大きさは？

小さい方でした。

●成績は？

勉強はしなかったが、常にトップクラスで、学期毎に選挙で級長、または副級長に任ぜられた。小学1～6年、高等1年すべて優等賞をもらい、高1の時は卒業式で送辞（自分で作文し牧先生が書いてくれた）を読んだ。

●学校行事の思い出は？

運動会は楽しい行事であった。前日場所取りの筵を敷き、月光の中を何回もトラックを走りまわった。よくもまあ疲れなかったものだと思う。賞品のノートや鉛筆を貰うのが楽しみであった。紅白リレー、方面別リレーにも出て活躍した。

母は昭和6年4月2日に別府市朝見で死亡した。私の6歳の時である。それより一家は全員三佐村に住むことになる。その頃父は詐欺にあい、請負代金を受け取れず、事業に失敗したため、朝見の家作は全て人手に渡り、貧乏暮らしをすることとなったようである。

私は三佐村尋常高等小学校に入学したが、学校に行くのが楽しくて、朝、暗いうちから家を出て姉等より「海潮寺から幽霊が出るぞ」等脅かされたり、冷やかされたりした。「何かが出たら、ひっ摑まえて見世物にしてやる」とか云って意に介さなかったとか。時間が余って仕方ないので、一人で運動場を掃除した。朝礼の時は外山先生の真ん前に飛んでいき、張り切っていたようだ。これ等が何時まで続いたかは覚えていない。

運動会の時は場所取りと称してトラックの外側に茣蓙を敷き、風に飛ばないように石等で押さえ、隣どうし認めあって、その場所を確保した。姉や兄、弟と共に昼食を摂るのが楽しみであった。年に何回かの玉子焼きが食べられるのだから。カケッコはいつも1等賞であった。賞品はノートとか鉛筆であった。障害物競走は最も得意で断然他を引き離していつもトップであった。

6年生の時、対外試合。即ち三佐村、鶴崎町、桃園村、高田村、別保村、大在村の6カ町村の陸上競技の対抗試合が鶴崎町小学校校庭にて行われ、大分郡の大会に出場する選手を選出した。種目は50m競走、100m競走、200m競走（高等科）、走り高跳び、走り幅跳び、三段跳びなどで、私は50m競走、走り幅跳び、三段跳びに選ばれた。三佐村からは同級生の桜井信雄君と二人だけであった。大分郡の大会前2週間は、午後の授業をさぼって、鶴崎町小学校に集まり強化練習をした。揃いのユニフォームにスパイクを履いて得意であった。桃園村の高1の三浦進という100m、200mの選手と知り合いになり、人間的にも魅力的であったので、いろいろ話をして、ご自宅までお邪魔し『暗黒街の秘密』という本を借りたりした。学校では桜井君と私のために、全校で壮行会をしてくれた。大分郡の大会では桜井君も私も入賞しなかった。

6カ町村のバスケットの試合も行われた。三佐村のチームは纏まりもよく、よく走って勝ち進んだが、優勝戦で高田村に敗れ準優勝であった。その時のメンバーは桜井、工藤、三浦、池永、柴家であった。兄、生太郎は大分工業のバスケット部の選手であり、時々来て指導をしてくれた。

夏になると、学校から帰るや否や、鞄を畳の上にほうり投げると、裏の川に飛び込んで抜き手を切って向こう岸まで泳ぎ、直ぐ引き返すのが常であった。川幅は50～60mくらいであったろうか。この川はよく氾濫し床下浸水することもしばしばで、一度は床上浸水する事があった。偶々父が家にいて、1階の物を2階に上げ、架台を組んで板の上に畳を載せて畳を濡らさなかったが、水のひいた後が大変であった。すぐ近くの弥生橋も流されて鶴崎町へ行くのに渡し舟を利用することになったりした（大分駅に行くには鶴崎町の鶴崎駅に行かねばならず）。

夏休みになると、毎日裏の川での魚とり。古瓦や古トヨなどを干潮の時に膝下あたりになるようなところに置いておき、その中に入ったハゼを掴み取る。また朝早く起きて浅瀬で眠っている透明なえび……シラサ……を網を被せて跳ねたところを、間髪をいれず網を捻りあげタブに入れチンを釣るときの餌にするか茹でて食べたりした。チンを釣り上げるのは、とても難しく、体力的にも技術的にも小学生の出来る事ではない。チンを釣り上げたように思うのは錯覚である。

兄とは1ｍに切った棒を持って、砂浜の固い処を選び、三段跳びの練習をした。弟とは、よく蟬取りに出かけた。近所の子供達とは、隣の幸野さんの持ち舟を無断で拝借し満潮に川の真ん中まで漕ぎ出し存分に泳ぎまくった。毎日が忙しい遊びの連続であった。夏休みの宿題は30日と31日の2日間で仕上げた。殆ど徹夜であったが、困ったのは天候の欄で、皆に聞いてまわり、姉たちに笑われた。

私達の町内は新町といい、他に出町、本町、中町、裏町等があったが、新町は17～18戸の道路の両側に家が並んだ細長い町内であった。その町内に小田大吉という人が居て、野球や相撲がとても好きで、町内で野球チームを作ろうという事になり、竹内良一（大分工）、新志達雄（臼杵商）、新志精一（大分中）、柴家生太郎（大分工）などを動員しそれでも足りずに私まで引っ張りだされた。当時、明石中学対岐阜商業の25回0対0の甲子園の優勝戦などがあって、田舎でも一寸したブームであったらしい。バッターボックスに立つときは出来るだけホームベース近く立ち、フォアボールか、デッドボールを狙えちゅうんだからこちらは怖くてたまったもんじゃない。当時の中等学校は5年制であったので、上級生のピッチャーの球がビュンビュンと来るときは、思わず逃げたものだ。守備はセンターで全然捕球することは出来ず、ゴロを身体で止めるのが精一杯であった。

冬になると、悪童ども5～6人（新町の子）で、すぐ近くにある「とのやぶ」という藪に「巣」という空間を作り、竹や木切れなどで、風除けとして壁を作り、かき餅やあられ等持ち寄って楽しく遊んだものだ。正月には独楽遊びが盛んで、地面に一、×、＋等を描き、それに独楽を打ちつけ、一番遠かった者の独楽が地面に据え置かれ、その他の連中がその独楽を狙ってマサカリを植えた独楽を打ちつけその独楽を割るという殺伐とした遊びが流行った。ビー玉や、パッチンも盛んで、それらの戦利品が山のようにあって、家人によく叱られた。

通常の食事では肉や卵を食べることはなかった。運動会、遠足、お祭り、正月くらいしかお目にかかれなかったし、肉にいたっては年に1回か2回、大事なお客様の帰った後にちょっぴり食べたかな？　チョコレートもバナナも高根の花で殆ど口にする事は無かった。

●大きくなったら何になりたいと思っていましたか？

将来のことなど、何も考えていなかった。本はよく読んだ。佐藤紅緑の『あゝ玉杯に花うけて』、『親鳩子鳩』、『夾竹桃の花咲くころ』や『龍神丸』、『神州天馬侠』、『真田十勇士』『岩見重太郎』『後藤又兵衛』などの講談本もよく読んだ。

●この頃一番熱中していたものは？

特に熱中していたものはなく、スポーツを中心にした遊びが多かった。陸上競技の三段跳び、バスケットボール、ビー玉、パッチン、野球、それに川遊び、水泳、はぜ取り、チン釣りなど。

●家族の生活の様子はどのようなものでしたか？

母は既になく、父は鉱山の仕事とかで、家に帰らず、炊事はミツ祖母さんが主にしていたように思う。みどり姉さんも岩田高女を卒業して出来たばかりの別府のケーブルカーの事務員として就職していたようだが、昭和10年腹膜炎？(父の記録によると難しい病気と記してある)で20歳の若さで夭折した。小倉市在住の菊枝叔母さんのところにお手伝いに行っていたスミエ姉が帰ってきて、我々の面倒を見てくれることになった。生太郎兄は私が小学校5年の時に大分工業電気科に入り学力優等賞を貰った秀才であった。弟岩夫は元気一杯小学校に通っていた(学年は3年下)。

●母親、祖母がよく作ってくれた食べ物は?

お祖母さんのうどん、そば。

スミエ姉のカレーライス（肉の代わりに貝）。

スミエ姉のさつま汁。

殆ど毎日野菜の煮っ転がしか雑魚、時々鰯の塩焼きがご馳走であった。七輪で焼いた鰯はうまかった。

●その頃戴いたもので特に記憶にあるものは?

スミエ姉が小倉の菊枝叔母さんのところから帰ってきた時に貰ったズック靴（今で言うスニーカー）が嬉しくて、毎日枕元に置いて何回も撫でながらなかなか履こうとしなかった。当時は草履か下駄で登校していたので。体操の時間は当然裸足であった。

●兄弟の仲は良かったですか?

時々喧嘩もしたが仲は良かった。表の道路を掃く者、家の中の土間を掃く者、畳を掃く者等を決めて毎日掃除をした。

●故郷独特の年中行事などありましたか？

三佐村のお祭りは天神様と八坂神社とに分かれて行われる。山車が出て小さな子供達は之を綱で引き、大人達は揃いの浴衣を着て之を押し、我々の住む新町にある竜神様に宵山に集い、新町、中組、下組、上組の四つの山車、出町は太鼓を叩いて神輿を導き山車を先導する。山車には人形が乗り、時代劇の一齣のような場面が表現され、ガス灯で照らされとても綺麗で見物客も多い。我々は人形の下の空間に座り込んで、太鼓と鉦をリズム良く打ち鳴らすのである。山車が走る時はそれに相応しい曲があり、勇壮に打ち鳴らす。1カ月程毎夜練習を重ねる。祭りの日は竜神様から天神様へと山車は順序良く移動するのだが、酔っ払って喧嘩をし、流血の騒ぎもある。いかにも非文明的な行事でもあり、腕力の強い奴が威張る暴力的な側面もあった。

●印象に残る大きな出来事は？

長女、みどりの死・昭和10年、20歳の若さであった。

長男、生太郎の大分工業学校に入学・昭和11年。

茂・6カ町村対抗試合で50m、走り幅跳び、三段跳びの選手となり、桜井信雄君と二人全校生徒の壮行会を受ける。昭和12年。

茂・在校生代表として、卒業式に送辞を読む。昭和13年。

●どのような社会状況だったのでしょう

小学校1年の時、満州事変。2年の時、五・一五事件。6年の時、二・二六事件。高等科1年の時、日中戦争という時代でみんな軍国少年へと育てられた。

将来に対する何らの展望もなく、ただひたすらに遊びまくっていたが、漠然とではあるが、大分市の繊維問屋ヤマキ（母の弟が社長）に丁稚奉公にあがることを言い含められていたようにも思う。高1になったとき姉から突如として上級学校を受ける為の「余暇」に参加するようにと言われた。経済的なことに無頓着だった私は、なんの疑いもなく、受験の為の強化学習に参加した。裏町の円光寺で学業が終わったあと夜遅くまで、高1が5人、6年生が7人くらいであった。国語は6年生担任の得丸一郎先生、算術は高1担任の牧太郎先生が担当された。

毎日試験があり、その成績を何日分か纏めて成績の良い順に重ねて各家庭に回覧したらしいのだが、何時もビリ近くにある生徒のお母さんに姉が手渡す事になっていて、とても辛かったとのことだった。一番上に弟の答案があるのが常であったから。この時ほど勉強した事は一生を通じてないように思う。

工業学校時代

●学校の沿革は？

明治35年　別府町及び浜脇組立工業徒弟学校として発足
明治43年　大分県立工業徒弟学校と改称
大正４年　別府市より大分市へ移転
大正９年　大分県立工業学校（甲種工業学校規定による）
昭和28年　大分工業高等学校（昭和26年大分春日高等学校）

●入学時の目標などは？

三佐村の同時卒業生53名のうち、上級学校へ進んだのは、４名であり、兎に角学校に行くのが楽しく、バスケット部の正選手となり、名フォワードとしてポイントゲッターになり、県大会に優勝すること。

●思い出に残る友達とのエピソードは？

佐藤憲市、甲斐公明、小野元信、田中省吾、上野高美、遠藤由松などとは、お互いの家を訪れて家族ぐるみの付き合いをした。我が家に来た友達は、三佐村の別府湾に面する沖の砂浜へ連れて行きアサリの潮干狩りを共にし、お土産に持って帰ってもらい、好評であった。また男女交際の禁じられていた時代に、コーチ（姫野先輩）が共通（バスケット部）という理由で高場、桜井両君と第一高女のバスケット部のコーチに通ったが、大口を開けて弁当を食って部員女子生徒達に笑われた。

●どんな実習が行われましたか？

5年生になると、電気科であっても、機械科の実習の一部、木型（鋳型を作る際に用いる）、手仕上げ（万力に鉄片を挟み、鑢《やすり》で表面を平らに仕上げる）、機械仕上げ（旋盤で円筒形のものを上部のプーリーで変速しながら仕上げる）などの実習が行われた。勿論、強電、弱電などの電気科本来の実習が主であった。

●この頃何に熱中していましたか？

バスケットと野球、バスケットは中間試験、期末試験の前1週間、正月3日、盆2日以外は、夏休みも、試合前は日曜日も毎日練習があり、学校に通った。野球は三佐村中等学校に通っている連中でチームを作り（江口位《ただし》など推進役がいた）近隣の町村と試合をした。ショートと第2ピッチャーで1番バッターであった。何処のチームにも一度も負けたことはなかった。この時は適当なことを云ってバスケはさぼった。家の裏が川で、夏はよく泳いだが、翌日ジャンプ力が劣り、すぐばれて、叱られた。

●学内で特に活躍されたことは？

バスケット部のキャプテンとして部活動に精励し、県大会に優勝した。電気科5年生の級長として、6週間に1回、1週間中毎日、全校生徒を運動場に整列させ、指令台に立つ校長先生に「かしらーなか」と朝礼の指揮をとった。また毎日全校各室18教室の清掃の検査をし、問題点を摘出、報告書を提出させられた。嫌な仕事。

学内科別対抗（機械、電気、建築）大運動会に、走り幅跳び、三段跳びの選手として出場し共に2位となり電気科優勝に貢献した。1位は同じ電気科、陸上競技部の河越源治君で、走り高跳びは亀川邦雄君（野球部）、100mは田中省吾君（テニス部）が1位であった。

●この頃の成績はどうでしたか？

何時もトップクラスであった。運動部員としては、珍しい存在であった。2年生から5年生まで、4年間級長をやらされた、否も応もなく、こちらの意志に関係なく選挙で決められた。

引き受けるしかなかった。

昭和13（1938）年4月～昭和17（1942）年12月

昭和13年4月、大分県立大分工業学校電気科に入学、鶴崎駅まで歩いて15分、鶴崎駅～大分駅、汽車で15分、大分駅から学校まで歩いて20分、待ち時間やその他で凡そ1時間を要した。家を出る時、巻き脚半（ゲートル）を巻いて、駅から整列して登校、途中先生に遭遇すると指揮者が「歩調をとれ」「かしらー右」と敬意を表するのであった。

1年生の時は全部教養科目だったので、機械科、電気科、建築科の区別はなく、イ組、ロ組、ハ組と分かれて楽しい交わりであった。

学校は歴史も古く、名門であり、5年生の時は、創立50周年記念行事が行われた。大分市の西北にあり春日神社の近くで、別府湾まで、歩いて10分くらいであった。

校舎は木造2階建て、または平屋建てで、並列に並び、各建物は渡り廊下で連絡され、雨の時でも、濡れぬ工夫がなされていた。

運動場では、野球部と陸上競技部が、前庭にはテニス部とバスケット部のコートがあった。また柔道場と剣道場が別棟にあり、生徒は剣道か柔道の何れかを選んで武道を課せられた。また教練も正課で、大分連隊から配属将校が派遣され、軍事教練が行われた。

兄生太郎が4年生で名フォワードとして活躍していた関係もあり、当然の如くバスケット部に勧誘され、部員となった。3年生の時は、国広（4）、山口（4）、溝辺（5）、森本（5）、阿部（5キャプテン）、4年生の時は国広（5キャプテン）、岩堀（5）、今川（5）、柴家（4）、安部（3）、5年生の時は柴家（5キャプテン）、高場（5）、久保（4）、安部（4）、和田（4）が正選手であった。よほどのことのない限り殆ど交代せずに選手は頑張り通した。これらの人は故人となったか音信不通となり、思い出を語る術もない。2年生の時（1939年）に日支事変（日中戦争）が激しくなり、食べるものの無い時にすきっ腹を抱えて、お互い励ましあってプレーしたことや、県大会に優勝して喜びあったことも夢のようだ。

優勝したのは5年生の時で、丁度その年から7～8年先輩で大分県庁に勤めておられた姫野さんにコーチをお願いし、ハッパをかけられての、激しい練習が実を結んだのかも知れない。姫野さんは、背が高く、スマートで、ぎょろ目で、声が甲高く、厳しい中にも何処となくユーモアがあり、かつての全盛期の中心選手としての自信と誇りをもろにぶつけてこられたように思う。その姫野さんから頼まれて、第一高女にコーチに行ったことは楽しい思い出である。中津高女に敗れて優勝できなかったのは残念であったが……。

3年生の時だったと思うが、バスケットの合間をみて近隣中等学校チームとの野球の試合をしたが全戦全勝、ショートとして、ある時はピッチャーとして、強打の1番バッターとして活躍した。その時のメンバーは桜井信雄（大分中）、藤並晃（大分中）、江口位（大分中）、首藤（大分工）等であった。しかも大差で勝つので、鶴崎駅では、別保村から通っていた大分商業の人達から感嘆の言辞を浴びる等のハプニングがあった。

近所に小学校校長の後藤萬蔵先生がおられ、その奥さんのアキエさんにはいろいろ可愛がってもらった。スミエ姉ともとても仲良しであった。その萬蔵先生の弟の秀雄さんが鶴崎町の魚市場、青果市場の責任者で、その長男の憲一君の英語の家庭教師を依頼された。憲一君は大分中学1年生で、こちらは工業4年生だったと思う。妹に文子さん、節子さん、末っ子に隆君がいて賑やかな夕食であった。隆君は多分小学1年生だったと思うが、帰ろうとすると、抱きついて、もっと居るようにせがむのであった。そのお母さんのナガエ姉さんは一寸赤ら顔で愛想がよく、いつもにこにこして優しい人で、お米やさつまいもなどを持ち帰るよう必ず整えてくれた。

●両親にどのような期待をかけられていましたか

母は既になく、父は鉱山の仕事とかで家に殆ど居ず、時に帰ってきても、成績表を見せても興味なさそうに、「何時もの通りだな」などと言うだけであった。兄には期待していたらしく、貧乏しながらも神戸高等工業へ進学させた。大分の繊維問屋、ヤマキ（母の弟、佐藤喜三郎が社長）の丁稚になればという話は聞いていた。

●**尊敬する人物はいましたか**

乃木将軍とか、広瀬中佐とか、真田幸村とかを尊敬していたようだ。

三佐村海原出身の人で、故郷三佐村で優秀だが上級学校へ進めぬ人に学費を貸与したいと申し出て（本人には知らせないようにという事で）私に白羽の矢が立ったということを5年生の時に知らされた。こんな人が居るんだと感激した（借りた金は全額返済した）。

●**この頃の性格は**

負けず嫌いで、正義感強く、協調性もあり、決断力もあったが、一方臆病で、涙脆いところがあった。小説などを読んでいてぼろぼろ涙を流して、姉や兄に笑われた。

●**この頃の家族との生活は**

6畳の茶の間で夕食後、スミエ姉、兄、弟と共に4人で本を読んだり、姉は繕い物をしたりした。その他の畳の部屋は、お座敷が6畳で神棚、仏様、床の間、お縁、小坪が続き、お縁と座敷は障子で仕切られていた。玄関の間6畳、納戸6畳、合計4室で、2階は物置で祖母の長持ちや、客用の布団などが置いてあった。祖母は工業学校1年生の夏休みの時に亡くなった。兄は神戸高等工業に進学していて、3～5年、姉、弟と3人での生活であった。姉はちんこ芝居と云っていた。

●将来どんな人間になりたいと思っていましたか

完璧な軍国少年であったので、国の為に尽くす事の出来る人間になりたい。最初は産業報国ということを考えていたが、４年の時に太平洋戦争に突入してから、直接軍人となることを望むようになり、勉強もしていないのに、５年生のとき、陸士を受験し、失敗したが、翌年再挑戦しようと思った。

●当時の社会情勢は

小学校６年生の時に日中戦争が、工業学校４年生の時に太平洋戦争が勃発し、戦時色一色であったが、我々運動部員は、夫々の部で、県大会に優勝すべく、懸命に練習に励んでいた。だが世の中は、「贅沢は敵だ」「一億一心」「撃ちてし止まん」「鬼畜米英」「パーマネントは止めましょう」「英語を使うのはよしましょう」「欲しがりません、勝つまでは」などと煩いことを言っていた。食料も衣類も統制され、木綿の学生服が無くなって、スフ（ステープル、ファイバー）……品質の粗悪な化学繊維で安価だが膝のあたりがすぐ破れて、昔穿いていた木綿のズボンを切り取って、ベタッと貼り付けたような格好で、もう色気も何もあったものではなかった。これでは、恋もへったくれもない。

変装して禁じられていた映画館に入って、得々と喋る者もおれば、郷護連盟の人に捕まって、油を絞られた者もいたようだ。飲食店に入るのも禁じられていたが、練習が終わるのが６時ごろなので、こっそりと今川焼き屋に入って食べる者もいた。それらはすべて風紀の乱れを防止する為のものであったのであろう。腹が減って腹が減って、夕食の時に眠って箸を取り落として姉や弟に笑われた。

愈々卒業することになり、何処かに就職をせねばならず、陸士受験の為の勉強に都合が良いであろうと思われる大分県佐賀関の精錬所を念頭に日本鉱業を受験したが、合格したものの、任地は茨城県日立市の日立鉱山であった。

日立鉱山勤務時代（青年期1）

大分工業学校を卒業して、昭和18年1月、東京の日本鉱業の本社に出向し、日立鉱山勤務の辞令を受け、日立市に向かう。日立駅より少し歩いて鉱山鉄道に乗り、終点の大雄院で降り、これよりバスにて曲がりくねった坂道を右側は山、左側は谷底の小川を眺めながらおっかなびっくり、本山《もとやま》合宿所に到着、やっと一息いれた。これから約1年間の鉱山《やま》の生活が始まる。

●どんな所に就職しましたか

銅の採掘現場である鉱山の最前線、本山は採鉱、大雄院は精錬（日本で1～2を争う高い煙突が立っていた）。

●どんな仕事でしたか

工作課に配属されて木造2階建ての2階の1室に席を与えられ、製図板がのっかっていた。仕事は坑内を走る電車の壊れた部品を製作するための図面を作成することであった。そのためには、その部品のスケッチをする必要があった。だがそんな事はした事もないし、弱っていると、機械屋の勝又さんから、光明丹を塗り、紙に擦り付けて図面化することを教えられた。こんなことは機械屋の仕事だとは思ったが、教育の一環だったのであろう。約1年間の会社生活は此処で終始した。

●社会人となった感想は

工業学校では最高学年で威張っていたのに、今度は新入社員で右も左も分からず、緊張したが大分工業電気科の2年先輩、宮崎清一さんが居られて、いろいろ面倒を見てくれたので大変心強かった。本山には新卒で採鉱課に茨城工業から5人、東京の工業学校から1人、水戸商業他事務屋2人等がいて、わいわい言いながら仲良くやっていた。皆本山合宿所に宿泊して点在する木造2階建ての事務所へ通うのであった。同期の連中とは2週間ほど切羽《きりは》（採鉱の最先端）での採鉱、大割り（大きな鉱石を大鉈を振るって小さく砕く）、洗鉱作業等の実習を共にした。

●心に残る上司等について

先に記した先輩の宮崎さんは柔道2段の猛者で、一寸小太りで張りのある声で「ジンナー」、多分「自分達は」或いは「お前たちは」という意味かと思うがとても明るく活気に満ちていて、皆に人気があった。入社時は彼も設計室に居たらしいが後、現場に出て、巻き上げ機（昇降機の）や水中ポンプや坑内電車などの保守、点検に携わっていた。電気の主任は新井さん、とても優しくて、怒った顔を見たことがない。課長は小池さん（専門は機械）で、怒ってはいないんだが、笑った顔を見たことがない。設計室の機械屋の勝又さん、三浦さんには製図作成に当たりお世話になった。また時々、合宿所の宮崎さんの部屋に4人集まってお菓子などを摘みながら雑談した。設計課長の鈴木さんは温厚な人で、殆ど会話をすることはなかったが、罵声を聞いたことがない。1日に何回か後ろに手を組んで、左右の製図板に目をやりながら歩くだけが仕事のようだった。

●楽しかったこと、辛かったことの思い出は

各課対抗の各種球技や相撲大会にすべて出場し、特にバスケットと相撲に優勝し大いに工作課の名を高め、宮崎先輩は喜んでくれた。その後、日立製作所とバスケの親善試合をやるとのことで、選手に選ばれ、採鉱課や労務課の先輩達とチームの一員として参加し、大活躍をして皆さんに喜ばれ、他の課の連中にも知り合いが出来た。

残業もなかったので、夜勉強に疲れると設計室の下にあった電話交換室に遊びに行った。

現場は3交代で24時間勤務であったので、電話交換手も昼勤、夜勤の勤務であったようだ。最年長が長谷川さん、次が永山あいさん、古田さん、その他若い人が4～5人交代で勤務して

いたようで、古田さんの弟さんが高等小学校を卒業、4月に入社されて、工作課の2階の設計室に勤めるようになり、いろいろと話題があった。若い女の人と話すのは、和やかであった。

辛かったことは虱が湧いて、潰しても潰しても、根絶せず、とうとう会社の電気風呂に着ている物を全部投げこんで、なんとか難を凌いだ。今ひとつは下痢がとまらず、4~5日、絶食して黒い便が出て、やっと治まった。この時はよもぎ餅が夢に出てきて、むしょうに食べたかった。ふらふら歩いていると桜の花が満開であった。合宿所の道路側の坂道上に咲いていた。

当時洗濯はどうしていたのか、お粥などはどうしたのか、全然記憶にない。

●酒、タバコを口にされたキッカケはいかがでしたか

酒、タバコはこの時期全然やらなかった。酒を飲む所があったかどうか? また飲むチャンスもなかった。本山合宿所はだいたい8畳の間に2人であったが、どういうわけか、4畳の部屋が一つだけ一番奥にあり、その部屋を当てがわれ、1人部屋であったので、夕食後は1人で部屋に引き籠もり適当な時間に共同風呂に入り、いろんな話を聞きながら、また部屋で勉強し、時々宮崎さんに呼ばれてお茶を飲む程度であった。

●その頃流行していたものは

太平洋戦争勃発1年余で凡て戦時色一色であったかというと、そうでもなく。鉱山《やま》は平和で

あった。防空訓練も無く、産業戦士優先とかで、合宿所の食堂では、ご飯の制限はなく、白い米のご飯で、おかずさえあれば、いくらでも食べることが出来た。そうなるとそんなに食べないもので、食堂で酒を飲む者はいなかったように思う。

鉱山《やま》の中腹に劇場があり、各課製作の演劇競宴があり、無能の私は幕の後ろで行李の蓋に大豆を入れて波の音の擬音をやらされたような記憶がある。また集会所では音楽コンサートが開かれ、劇場では月に1回くらい映画鑑賞会が行われていた。会社では卓球が盛んで昼休みになると並んで勝ち抜き戦に参加する人が多かった。紺野さん、木村君が上手であった。

●初任給はいくらでしたか。また何に使われていましたか

45円。これは公定価格で全企業一律であったと聞いている。高等工業卒で確か60円とか聞いたような気がする。食事は腹一杯食えるし、酒は飲まず、タバコも吸わないので、日曜日に日立の町に出て天ぷらうどん（30銭）を食べるくらいで、着る物も買わず、初任給は全額、家に送った。受験勉強のための参考書〝物理学粋〟（厚さ4㎝ぐらい）1円50銭であった。

●物価は今と比較してどうでしたか

どう較べていいのか分からずこの設問はパスします。

●あなたや家族の生活はどのようなものでしたか

私の生活の概略は既に述べたとおりだが、兄生太郎が、神戸高等工業の3年生と思うが、鉱山に訪ねて来てくれて、二人で写真を撮っている。何を話したか覚えていないが、兎に角腹一杯食ってお互いの健康を祝福しあったに相違ない。そのあと、兄は学徒出陣となるのだろうが、詳細は承知していない。大分の三佐の家には恐らく姉スミエと弟岩夫が住んでいたが、岩夫は大分県津久見駅員として勤め、のち山口県三田尻市の海軍少年通信兵の学校に入学した。父は鉱山の仕事とかで家には常住していなかったようだ。従って親子5人はばらばらに暮らしていたようだ。

工業学校同級生の佐藤憲市君が東京の東芝に勤務していて、日立にわざわざ遊びに来てくれて、それを迎えに行ったが、あまりに早く駅に着き過ぎたので、浜辺の砂浜に、仰向けに寝ていたところ、いつの間にか眠ってしまい、満ち潮の波の海水と砂が背中の肌とシャツの間にザーと入り込んできて目が覚めた。びっくりしてはね起きた、駅に行き彼を迎えたが、兎に角背中の砂が気になって仕方なかった。

陸軍士官学校に合格し本山を去る時、宮崎さんが音頭をとって、壮行会を開いてくれた。今思うと、宮崎さんの人柄、才能、勤務態度等を評価して、母校に募集をしたであろうに、こちらの都合で、1年余りで立ち去ることになり、宮崎さんや関係者に申し訳ない気持ちである。

昭和19年1月、陸士入校の為、故郷に帰る途中、山口県三田尻駅で降り、海軍少年通信学校へ直行、1年ぶりに弟岩夫と会う。思いなしか、背丈も伸び、海軍服と水兵帽（うしろにひらひらがついている）を被って、海軍式の敬礼をして、出てきた。多分学校で借り上げたであろう民家に上がりこみ小さな丸テーブルに向かい合って座り、お茶を飲みながら話をした。故郷の話などであったろう。何処で別れたかは覚えてない。これが岩夫との永遠の別れとなった。
陸士入校まで故郷にいた時、岩夫より届いた葉書と私より兄への手紙を書き留める。

大分県大分郡鶴崎町大字海原新町
　柴家茂　様
　　三重県
　　　鈴鹿海軍航空隊
　　　　十五分隊三班
　　　　　柴家　岩夫

拝啓
兄さん永らくご無沙汰致し誠に申し訳ありません
さて私も本隊に無事入隊し桜井さんと同じような七つボタンに鷲の翼のついた勇ましい服を着ています

茂兄さんも飛行兵になるのでしょう　そうすると兄弟３人皆空の勇士ですね　私も大変嬉しく逝きし母に一目でも見て頂きたいような気がします
生太郎兄さんの住所を知らせて下さい
入校前故　お体を大事にして下さい　私も益々元気に立派な飛行兵になります

敬具

神戸市林田区西山町二丁目
大道貢　様方
柴家生太郎　様
茨城県日立市
日立鉱山本山合宿
柴家　茂

拝啓
ご無沙汰致しましたがその後お変わり有りませんか　多分よけい眠ったからより一層ご健康になった事でしょう
私は今実習です

十日から十六日まで毎日坑内に入って苦労して来ました
カンテラという物を下げてじめじめした坑道を歩くそれが天井に陰影を映して不気味です
四方の鉱石を眺めて　何時落ちるかも知れぬと思うとぞっとします
十八日より溶鉱炉の見学やら実習やらやっています
だいたい日立鉱山の仕事というものが全般的に分ったような気がします
体験したことを書けばいいのですが筆不精なのでご免下さい
遠島　島流し　遠いぞー
どちらが先にかけつくか　　さようなら

陸軍士官学校時代（青年期2）

【予科士官学校入校まで】

昭和19年3月、父と共に大分～東京、汽車に乗ってさつまいも、大豆やそらまめの炒ったやつを食いながら故郷を後にし、府中の級友佐藤憲市君の下宿先に一泊し、翌日埼玉県朝霞の予科士官学校に入校、大泉学園駅から予科士官学校までの道路は両側に桜の木がずらりと並んでいたように思う。軍服に着替えて私服を父と佐藤君の待っている待合室に届けた。佐藤君はあまりの変わりようにびっくりしたという（後で聞いた話）。大変お世話になりました。

思えば小学校1年生の時満州事変、5年生の時二・二六事件、6年生の時日支事変（日中戦争）が勃発し、なにかよく分からぬまま、時流に流されて、気がつけば、唱歌の時間は楽譜を教えようとする安部フク先生に皆で〝軍歌、軍歌〟といって先生の言うことをきかない生徒達になっていた。フク先生は泣いて職員室へ帰られた。担任の宮崎先生が音楽室にやってきて、先生の言う事を聞くようにと諭されたが、結局次の唱歌の時間から〝満州行進曲〟……過ぎし日露の戦に、勇士の骨を埋めたる忠霊塔を仰ぎ見よ、赤き血潮に色染めし夕陽を浴びて空高く、千里荒野に聳えたり……〝爆弾三勇士〟〝軍神広瀬中佐〟〝軍神橘中佐〟などの軍歌を歌うことになっていった。大分工業学校4年生の時、太平洋戦争に突入し、陸士を目指すようになった。

【予科士官学校時代】

士官学校は先ず全員予科士官学校に入校し、何年かの基礎訓練の後、本科の士官学校へ移行する（我々は60期と称せられた）。

予科士官学校では朝起床ラッパで起こされ、夜就寝ラッパで寝るまでの間、こま鼠のように動きまわって軍人としての素養を育成されるのである。午前中は国史、国語、外国語、数学、物理、化学等々高等学校理科に相当する学科、午後は軍事教練、または体操の後、各自で選択して行う練磨時間（剣道、柔道等）、内務（洗濯、整理整頓、繕いもの等）、入浴（整列して行進、入浴は立ったまま10分ぐらい）、夕食（整列して行進、食堂へ）、自習時間、点呼、就寝となる。毎日分刻みの生活で、区隊長は54期、堂々たる体躯で外山倉之助といい、立派な軍人と認められた。第4中隊10区隊40名であった。幼年学校出身の生徒が威張っていて、夜の点呼の後の切磋琢磨という場では、軟弱な中学出身者の言動に対し批判するのであった。指導生徒として佐々木さん（59期）が夜寝室を共にして指導してくれた。立派な人格者であった。区隊の大阪幼年学校出身の丹羽、高井両君は特に優れていていろいろと刺激を受けた。中学出身者は頭は良かったかも知れぬが、動作は鈍く、運動能力の乏しい者が多く、大変な思いをしたと思う。その点、年も2～3年上でバスケットで鍛えたお陰で、教練に於いても体操に於いても幼年学校出身の生徒にひけをとることなく、彼らに一目置かれる存在となっていたように思う。

昭和19年10月12日台湾沖海戦にて弟、岩夫が海軍の重爆機に通信兵として搭乗していて、名誉の戦死をしたこと、区隊長に告げられ一晩中泣き明かしたことを覚えている。夜明け前少しまどろんだと思うが、広い砂浜に舟が1艘あり岩夫がそれを一人で押して、出そうとしている。パンツ一丁で両足を踏ん張って沖へ出そうとしている。「岩夫、岩夫」と呼んでも振り向きもしないで、一生懸命舟を押している。此処で目が覚めて、汗びっしょりであった。別れに来てくれたのであろうか。17歳の少年が国のため、命を致す事の重大さを思い知らされた。

それより先、「生い立ちの記」という作文が認められて、陛下へ中隊（200名）中2名が閲覧の栄に浴することになり、毎夜自習時間の後、原稿用紙に墨書して提出したことがある（これは、予科士官学校時代の日誌と共に故郷に送ったが、結局着いていなかった。途中で貨車が空襲にあい、焼失されたものと思われる）。

【航空士官学校時代】

○埼玉県豊岡にて

昭和20年1月、予科士官学校より航空士官学校へ移校した。1次と2次に分かれたが、私は1次で一番早く予科を巣立った。仲の良かった畠中君は2次となり口惜しがった。が之が運命の分かれ目で、1次の候補生は後で述べる〝敵中横断3千キロ〟を経験することになる。

13中隊4区隊、区隊長は56期の歩兵出身の栗野隆、手が長く目がぎょろりとした活気溢れた好男児であった。学科は気象学、航空学、航空技術等専門分野で盛り沢山であった。実習はエンジンの分解、組み立て作業等難しい作業をやらされた。

ある時3、4区隊合同講義の時、教官が突如「馬力とはなにか？」と皆にむかって質問をしたらしい。静寂の中何故か手を挙げていた。「名は」「柴家候補生」「馬力とは」「ハイ工率であります」「単位は」「キログラムメーター、パー、アワーであります」「よし」そして着席した。周囲の皆がふり返って私を見るのであった。多分半分居眠りしていたのかも知れない。パーアワーなんて敵国語で答えて、なんのお咎めも受けなったのが幸いで且つ正解であったので胸を撫で下ろしたのであった。

月に1〜2回、〝決死敢闘〟と称して昼夜兼行で行進し野営、早朝攻撃など、実戦さながらの訓練で、軽機を背負っての山登りは心臓も破裂するかと思われた。急拵えのドラム缶の風呂に入ってみたり、背嚢を背負ったまま小休止するなど、また民間人の心温まる握り飯にありつく等いろんな経験をした。訓練の一環として水泳もあったが、3、4組合同での25m競泳で1着になり、3組の区隊長から、後体操の指導するよう命ぜられて一寸戸惑ったりした。

○秩父大田村にて

アメリカB29の爆撃が激しくなり、秩父の大田村に疎開して、勉学することになった。村人達は我々の朝早くからの訓練を垣間見て驚いていたようであった。子供たちは我々が行進するとぞろぞろとついてくるのであった。小学校を借り上げての授業であったと思うが、その時小学生徒達はどうしていたのだろうなど考えることもなかった。訓練を受けながら、たまに、区隊対抗の相撲大会などが催されたりした。1、2、3、4組の総当たりでわが4組は優勝した。私は先鋒または中堅として全勝して優勝に貢献した。

大本営発表では連戦連勝であり、戦線の拡大に伴い一日も早い飛行戦闘要員の育成が望まれていた。したがって、1次候補生の早期育成のため、航空実施訓錬をすべく、満州に渡航することとなり、8月6日、海防艦屋代に乗船、舞鶴港を、グラマンの投下した魚雷をよけながら、今の北朝鮮方面に出港した。暮れなずむ故郷の木立を眺めながら、何故かこれが見納めかも知れないとの思いがこみ上げてきた。

○朝鮮、満州にて

海防艦屋代にて夏とはいえ、吹き荒ぶ風の中を甲板上で震えながらゴロネして一晩を過ごし8月8日、今の北朝鮮の位置にある「雄基」という港に入港、直ぐハシケに乗り移りノンビリと上陸した。丘の上の小学校にて休息就寝。翌朝〝敵機だ〟との声に飛び起き、外に出て見るとグラマンではない大型の戦闘機が昨日入港した雄基港に向かって銃撃を加えていた。その夜、輸送指揮官田中要少佐は、種々の情報を分析、考慮の上、北上せず南下の道を選んだ。夜行軍である。前行く戦友の背袋に鼻をつけ、ひたすらに歩く。休憩の命が下ると、路端に寝ころがって、出発の幽かな号令にだらりと起きて黙々と歩く。朝鮮の道路は泥濘に自動車のタイヤの跡があったりして、うっかりすると、捻挫しかねない状態であった。そして翌10日午後目的地会寧に到着、丘の上の木陰にひっくりかえって、夜を待って町へ入る。

思えば雄基入港が一日遅ければ、ハシケに乗った候補生達は殆ど全滅であったであろう。もし雄基を離れるのが一日遅ければ、ソ連軍に捕らえられたであろう。絶妙の日時に雄基に着き雄基を離れたことになる。間一髪であった。幸運と田中少佐の好判断に救われたのだ。それにしても、陸軍上部の変化に対応する能力の無さを痛感する。敗戦は直近に迫っているのに、広島原爆投下の日に候補生を満州に送り出すとは！

満州の西北部白城子へ進行する命令はまだ生きている。翌日より南下しながら北上を狙う。軍馬6頭を運ぶのに用いられた藁を敷詰めた有蓋貨車に69人詰め込まれ3000キロの旅が始まる。背を貨車の壁につけ、足を伸ばし、胡坐をかくこともできず。横になることもできず、乾パンといくつかのコンペイトウと塩をなめながら、一路目的地への道を辿るのであった。その時戦友達と何を話したのか、何を考えていたのか、全然覚えていない。貨車はのろのろと南下し北上に転じ、8月15日午前5時半平壌を通過、新義州を正午過ぎに通過、鴨緑江を渡る。新義州で南下する59期とすれ違う。信じ難いうわさが我々の耳に入る。「まさか、そんな筈はない」午後2時頃列車は安東に着いた。停車場司令官の言として『本日正午に玉音放送があり、日本はポツダム宣言を受諾したらしい』とのこと。
輸送指揮官田中少佐は各区隊長とも協議の上、北上を決意する。16日朝方奉天の二つ手前蘇家屯に着く。北上すれば奉天、新京へ、西進すれば山海関を経て北京へ、南進すれば大連に通ずる交通の要衝である。修武台を出発した時の満州行きの命令はまだ生きている。田中輸送指揮官は、ここで南進を決意する（柿原区隊長は苦難の末、関東軍第2航空軍参謀に連絡を取り、期せずして田中輸送指揮官の意見と一致したという……後で聞いた）。……このことは『紅顔 海を渡る 海防艦「屋代」と陸軍航空士官学校生の終戦』（岸見勇美 原書房）に詳細が記されている。

やっと満州に入ったのに、逆進を始めた列車に驚いていると、某見習い士官から、これは輸送指揮官の独断であり、内地へ向かうとのこと。複雑な思いで乾パンをかじりながら、鉄道輸送隊の皆様のお世話になりながら、遅々として進まぬ例の貨車に揺られながら南下するのであった。

8月29日に大分の我が家に辿り着いたが、その間のことは、断片的にしか覚えていない。京城の女学校に宿泊して襦袢から袴下、軍服まで一新させてもらい、何十日ぶりかの風呂に入り、甘いゼンザイを腹一杯食べさせてもらった、その美味かったこと、ゼンザイを見る度に思い出す。我々400名をお世話して下さった方々はその後どうされたのか、お礼の言いようもなく、今は唯頭を下げて感謝するしかない。民間の連絡船で東北の小さな港町について、砂利敷きの広場にひっくりかえって寝たようだ。腰にごぼう剣をぶら下げ、背負い袋を襷がけに胸下に結び（中には靴下や、雑巾のようなタオル、手拭い、ハンカチなど、出発時には靴下に米や、ご飯を入れた小さな柳行李などを入れた）、手に日本刀という世にも珍しい扮装である。町の人々は一驚したことであろう。

大工、百姓時代（青春時代3）

【敗戦直後の大工と百姓の時代】（昭和20年8月～昭和22年4月まで）

8月29日に家に帰り着いた時、父と兄が在宅していて、喜んで迎えてくれた。姉は大分航空廠に勤めていて、その後始末とかで忙しかったようだ。今考えると可笑しいようだが、毎朝起きてすぐ、東の方を向いて一礼し、軍人勅諭を朗読するのであった。誰も何も云わず、こちらも殆ど眠っていたようで（満州行きの疲れか？）、幾日か過ぎた。ふと気が付くと、昼間父が居ない。古い自転車に乗って大分市に出掛けているらしい。食べる物といえばお粥か雑炊か、とうもろこし入りご飯か、ダンゴ汁（すいとん）等で、米の飯などお目に掛かったことがない。ぼーぶら（棒のようにヘチマみたいにぶら下っているからボーブラか？　水っぽいかぼちゃ）は毎食出てくる。さつまいもはご馳走の方で、さつまいものつるや葉っぱも食べたように思う。勿論ウドンはご馳走だが、滅多にお目に掛かれない。

父は私が陸士に入校した後に再婚し、姉スミエ、兄生太郎と5人家族で、兄は軍隊で病を得て、自宅療養の身となり、終戦を迎え、寝たり起きたりの生活であった。義母ヒデさんは、別府の旅館に勤めていて、鉱山《やま》の関係の加藤さんに紹介されて結婚したらしい。予科士官学校の休暇の時、石鹸を二個差し出したが、絶対に受け取らなかった。芯の強い人であった。

工業学校四年生の時だったと思うが、近所の後藤萬蔵先生（小学校校長）の弟の後藤秀雄さんが隣町、鶴崎町の魚市場の社長をしていて、その長男憲一君（大分中学一年生）の英語の家庭教師をしてくれるよう萬蔵先生の奥さん、アキエさんから頼まれ、バスケットの練習が忙しいので一応は断ったが断り切れず、週に1日か2日家庭教師をすることになった。その時の縁で魚市場の秀雄さんの奥さん後藤ナガエさんの誘いにより同家の稲刈りやさつまいも植え、さつまいもの取り上げ等の手伝いをして、お礼に米やさつまいも過分に貰って帰り、ヒデさんに喜ばれた。

また大分市内では、殆どの家が焼夷弾対策として天井を取り外していたので、天井張りの仕事が急がれていた。私は父の手伝いをするため、父に同行し、天井板の鉋かけをすることになった。ところが、この鉋かけは簡単に見えるが、やってみると結構むずかしく、特に鉋の刃の出具合を調節すること、鉋を研ぐことは楽に出来ることではなく、厳しい修練のうえ、到達できる技術であることを痛感した。両手の人差し指の腹が砥石の粉で擦り減り血が滲むようになった。いろいろ工夫して血を止めながら仕事を進めるうちに何となく大工の仕事に慣れていった。

桃園村山津は、母正エの出身地であり、叔父喜三郎氏は繊維問屋として成功し、一代でヤマキの財産を築いた人である。当時は大分市の西新町に大きな邸を構え、山津はお祖父さん、お祖母さんの住処となっており、古びた木造住宅が大きな榎一本と共に残っているだけであったが、父と其処の修繕工事をした際、不器用に垂木の上をさ迷い歩いて、お祖母さんに笑われたことを奇妙に覚えている。

哲夫叔父、従兄弟の務さんと父と四人で大分市の金光教の邸を請け負い、初めて堂宮の施工に参加でき、隅木の三寸五分、四寸勾配の裏欠きの寸法を立体幾何学で解いて、哲夫叔父を驚かせた。裏側の隅木の一本を納める大斗、肘木の製作を任され、隅木は哲叔父が作って無事納まったときは、本当に感激した。

梁の納まり、束算用、内法の納め方、チョウノウ掛け等の技術を習得するうちにも、何となく満たされぬ気持ちがあった。このようにして、大工として一生を終わるのか?

後藤萬蔵先生は小学校の先生になるよう奨めてくれた。然し教えるよりもっと学びたい気持ちの方が強かった。聞けば、高等学校という面白い世界があるという。ならば、このまま大工を続けるとしても、一寸でもいいからその高等学校とやらを覗いてみたい、と思うようになった。年老いた父のことを思うとその決心は鈍るが、父も兄もやってみたらと云ってくれた。大工で疲れた体に鞭打って受験勉強を始めた。

高田村に仕事に行った時、婿養子にならぬか等いわれて満更悪い気もしなかった。玖珠の田舎分限者の家に箪笥を作りに父と何日か泊まり込みで仕事をしたことを思い出す。堅い栗の木の鉋がけは大変であった。鉋が直ぐに切れ上がって研がねばならぬ。青砥と仕上げ砥とで荒鉋と仕上げ鉋を両方研ぐものだから、見ている人は一日中砥いでるように見えたかも知れない。箪笥製作の途中、道具入れに米をいれて久大線の汽車に乗る。警官に開示を求められ、米を運搬していると判断されれば没収される。闇米だからである。配給はほんの僅かの米しかなく、非農家の我々は何らかの方法で米を獲得するしかない。

後で知ったことだが、山口判事という方が、配給米のみで生活して餓死したとのこと、凄い清廉の士がおられたことに感服したし、己のだらしなさを思い知るのであった。

玖珠の話に戻るが、分限者の農家とはいえ、板の床にせんべい布団に寝せられ、身体の節々が痛くて往生した。米は無事三佐の家に届きヒデさんに感謝された。が隠れて運ぶ量なんてたいしたものではなかった。むしろ〝食い出し〟といって父と二人三佐の家に居なくて、食事しないことが大きかったということだ。

父は六十歳くらいであったと思うが、古びた山折れ帽の前を上に折り曲げて被り、ガタピシの自転車を一生懸命漕いで大分橋の坂道を登るのであった。昼休みには眼鏡をかけて鋸の目立てをしていた。酒は飲めず〝棟梁！　棟梁！〟といわれて、杯を受けても、前に置くものだから、隣に座っている息子が適当に処理して過ごすこともあった。このようにして父と一緒に仕事が出来たことは、本当に貴重なものとなった。敗戦直後の一年半と五高在学三年間の二分の一、即ち一年半、合計三年間は、父とじっくり仕事をした思い出がある。進駐軍の宿舎を別府市に建てる時は丘の上の飯場に泊まり込み、板敷きの床に厚手の敷き布団を持ち込み、朝早くから夕方遅くまで、請負の部材を工作して随分と稼いだ。父は墨付けの仕事で〝追い掛け大栓〟の墨をしながら、これを木取る大工の癖を見て墨付けの加減をしたという。

そのとき、偶々同級生の佐藤憲市君が別府変電所に勤めていて、訪ねて行った時の写真がある（佐藤君は平成二十七年十月死去）。

第五高等学校時代（青春4）

●思い通りの高校に入学できましたか

兎に角高校生活を体験してみたくなり、一番近い高校が熊本の五高であった。

●学校の沿革とは

明治20（1887）年第五高等中学校設立、明治27（1894）年高等学校令により第五高等学校になった。

●当時の学校、学生の気風は

校風は剛毅木訥、質実剛健、弊衣破帽と称して、汚い手拭いを腰にぶら下げ、髪は伸ばし放題、髭も剃らず、破れた帽子（紋章は柏の葉、3本の白線）、白い太い鼻緒の高下駄を履き、冬はマントを羽織って上《カミ》通り、下《シモ》通り、新市街などの繁華街を闊歩する者もいた。概して市民は五高生に寛容であった。

●思い出に残る先生はおられましたか

松尾先生………ドイツ語、老練で少しねちっこいが熱心に教えてくれた
甲斐先生………英語、若くて快活、友達のような言葉遣いで親しみを覚えた
佐々木先生……数学、天才的で柔和で、たちどころに難問を解決
エロ辰…………国語、流暢な話し振りで、つい眠くなってしまう、本名は忘れた
古川先生………体育、何時もにこやかで、バスケットの名手、熊本県大会では好敵手

●その頃、夢中になっていたことは（スポーツ、小説、その他）

当時の高校は1年の半分は休みで、バスケの試合の時は、寮に残って、子飼橋にバケツ一杯のトマトを買いに行き、それとさつまいもで飢えをしのいで頑張った。相手のガードをかわしてのランニングシュート、中距離のジャンプシュートが得意であった。毎日休むことなく修練した。バスケの試合のない休日は大分に帰り父と哲夫叔父と大工の仕事をした。

●淡い思い出はありましたか（辛い思い出は）

入学当初はもうバスケはやるまい、勉強しようと思っていたのに、習学寮は学校の敷地の片隅にあり、その裏側に体育館があった。ボールの弾む音や足音などが嫌でも聞こえてくる。とうとう我慢できなくなって、ランニングシュートの練習に加えてもらった。すっかり汗をかい

て、いい気分で、お礼を言って引き揚げようとしたとき、一人の男がにこにこして近付き、入部をしきりに奨めるのである。キャプテンが是非にとか、ベルト（陸軍士官候補生のベルト）を見て俺も60期だとか、結局嫌いじゃないので、承諾した。後の話だが、この男田畑陽一君の姉と結婚することとなる、運命の出会いであった。

●親の生き方をどう見ていましたか

父は小学校を出ると直ぐ竹田（軍神広瀬中佐の故郷）で大工の見習いとなり、子守やら洗濯などをやらされて、苦労したらしい。大工になってからは堂宮の研究をしたりして頑張った。人柄もよく努力家であったので、次第に認められ、「柴家組」として請負をするようになり、別府市の朝見に貸家を2〜3軒持つようになったが、請負代金を受けとれぬ詐欺に遭い、倒産し、鉱山の仕事に没頭したようだ。しかしこれもうまくいかず、子供たちを貧窮のどん底に突き落としたことは人の親としての責務を全うしたとは云えず、勝負師の末路というところか？　でも恨んではいない。因みに三佐の家は父25歳の時に建てたとか。

●親に強く反発したことがありますか

小学校時代、工業学校時代、父は殆ど家にいず、叱られたことは一度もない。通信簿を持っていっても、興味なさそうに一瞥して「いつもの通りだな」と言って目を逸らすのであった。

母は小学校入学前に他界し、思い出はない。終戦後、父と一緒に足かけ5年間大工の仕事をしたこと、またタンス作りで玖珠の山奥に1週間か2週間泊まり込みの仕事をしたことなどは貴重な思い出である。天から与えられた尊い期間ともいえる。

●社会の矛盾などに目が向いたことは

戦争に負けたのだから、すべての価値観は根底から問い直さなければならない時期であった。天皇制の批判、民主主義の何たるかを語る識者、共産党員の活発な活動、マルクス、レーニン主義と自由主義の衝突、生徒会でも激しい論戦が繰り広げられたが、実生活における勉学や運動部の部活動にはたいした影響はなかった。貧しかったけれども、平和な充実した自由な心豊かな生活であった。

●どのような社会状況でしたか

食糧事情は悪く、習学寮には食堂があったが、朝適当な時刻に行くと丼に箸の立たないお粥が一人分ポツン、ポツンと置いてある。昼ごはんはさつまいもが2～3個ゴロンとサラの上にのっかっているのが並んで置いてある。夕食は麦飯か玉蜀黍入りご飯に魚とか野菜が少しあったように思う。日曜日になると、寮生は、リュックを背負って菊池郡に買い出しに出かける。さつまいもをボイルして、腹を満たすのが、精一杯であった。ここでも五高生に親切であった。

電力事情も悪く夜8時になると停電した。寮生の多くは石油ランプ等で夜遅くまで勉強しているようであった（これを蠟勉と称した）。私は蝋勉をしたことは一度もない。数学の微分、積分や物理は、陸士で習っていたので、必要があれば、朝早く起きて予習、復習をする程度であった。

●進学、就職で悩んだ事は

入学した時は大学に進学するなど思ってもいなかったが、大工のアルバイトをすれば、経済的には何とかなりそうな気がしてきた。父もまだ元気で仕事をしているし、相談したところ、千日くらいは直ぐ経つよと笑って言ってくれた。悩まないわけではなかったが、誰も反対する者もいないので、受験勉強をする事になった。

【授業と寮生活】

工業学校卒業生が、第五高等学校に入学するなんて、異例のことだったであろう。でも本人にとっては自然の成り行きで、高等学校というところを一寸覗いてみたかったのである。経済的には、何とかやっていけるだろう。駄目だったら止めればいい、くらいの気持ちであった。習学寮は学校の一隅にあり、渡り廊下で本館に連絡していて、雨に濡れずに教室へ行くことが出来た。裸足で部屋を飛び出し、そのまま裸足で帰って座敷にあがる。あがり框に雑巾くらいは置いてあったかも知れない。髪は伸び放題、髭は剃らず、腰には汚い手拭いをぶらさげ、帽子を被って無ければ、浮浪児ではないか。猫を食った奴が言うには筋っぽくてとても食えたものではないと。食わずによかったと思う。寮の最初の同室は堀剛典君（別府中～陸士61期～五高～東大法）、2人目、藤本君（1級下、香川県出身、新制大学へ）、3人目、同級生の前田稔君（別府商～海軍経理学校～五高～東工大電気）、4人目、田畑陽一君、5人目、松元福雄君（鹿児島県出身、シンガポール勤務）であり、それぞれ大変な時代を共に生きて来たが今はもう総て故人となっている（藤本君だけは音信不通）。

寮は完全に生徒の自治で3年生の寮長がいて、1度全員を集めて注意事項等を述べたが後はなにかを強制する事も無かった。時折ストームと称して廊下を「武夫原頭に草萌えて……」と怒鳴り踊りながら大勢で足音高く通り過ぎて行く。部屋を出て、それに参加する者もおれば、参加しない者もいる。それは全く自由である。1学期に1回くらい食堂の椅子を机の上にのせ、全員でこの武夫原頭踊りを踊るのである。青春のあのもやもやした気分を一掃する捌け口であったのであろう。今でも五高ＯＢ会の締めくくりには肩を組み武夫原頭踊りを常とする。之により、あのおおらかな自由であった時代に一瞬戻るのかも知れない。

25年卒業生は文科系１３９名、理科系２２７名であったが、我々の理科３組には陸軍幼年学校、陸士、海軍兵学校予科、海兵、海経、予科錬などの出身者が10名ほどいて、また中学４修の秀才もいて、戦後ならではの多士済々であったようだ。席順はアイウエオ順で、でかい奴が前に居たり、着ている物もバラバラで、年齢差もあり、また先生は出欠を取るのだが、ただ名前を読み上げるだけで本人確認などしないから、所謂代返と称して、居ない人の返事をひき受ける等の事が行われた。出欠が成績にどのように反映されるかは分からないが、不利になって、落第点を取ると、留年という処罰があり、赤丸5科目、青丸2科目、黒丸1科目で留年になるらしい。赤丸や黒丸は本館の階段のところに一覧表で貼りだされるので、皆に分かってしまう。クラスで1年1学期ノーアカは小野君と私の二人だけだった。後のことは記憶にない。また留年しても涼しい顔をして先輩面の者もいたりした。誰が代返をはやらせたかわからないが、他の組もあったようだから、伝統的なものかも知れない。休講になると喜んで屋外に出て、ソフトボールの試合にうち興ずるのであった。

各組対抗の球技大会があり、バスケットの部で優勝した。野球は隣の4組に負けた。上半身裸での写真を見ると、皆やせ細っていて当時の食糧事情の一端が窺える。

【バスケット部生活】

バスケット部のレギュラーメンバーは、センター瀬口（文2）、フォワード浜田（文2）、柴家（理1）、ガード船津（文3）、坂本（理3）、補欠田畑陽一他数名であり、熊本県社会人大会で昨年、一昨年の優勝チーム友朋クラブを破って優勝した。

五高の体育館で行われたが、階段式の観客席の応援団は大喜びであった。友朋クラブは熊本中学等の中学校の体育の先生方や五高の体育の古川先生などの体育学校出身者で構成された強力なチームであった。

インターハイ九州ブロックに優勝し、中国ブロックの優勝校、山口高校と京都のインターハイ出場権を決める大事な一戦に臨むべく準備の最中に、有力なメンバーの一人である田畑陽一君のお父さんが、息子を出場させないという報が齎された。

田畑君とは陸士の同期でもあり、同学年でもあるので、お父さん宛に彼がいかに五高チームにとって大切な一員であるか、言葉を尽くして説明し切々と出場させてもらえないか訴え、且つ稲刈りには必ず部員が応援に行くからと付け加えて誠意を見せた。

そのお陰かどうか、ようやく許しが出て田畑君を交えたバスケ部員一行が山口市山口高校を訪れ、決勝戦に臨んだが、負けて京都へは行けなかった。

【結婚への道】

○出会い

11月2日、約束を果すべく、バスケット部員の中田君と二人、滑石村の田畑家を訪れた。その日は雨だったので、刈り取った稲を本屋の隣の天井の高い蔵に収め、翌3日稲潰ぎをすることになった。その時はじめて陽一君の姉正子さんに会った。

○お互いの第一印象は

正子さんの方は、弟の友達であるから当然年下であろうと思い「弟がお世話になります」「こちらこそ」と挨拶を交わしたのが初対面の挨拶であった。目が大きくとても笑顔が素敵で、声も綺麗な人だと思った。勿論その時はどちらとも結婚相手として相手を見たわけではなかった。

○当時のお付き合いの様子は

陽一君が五高在学中は寮に同室したり、宇留毛の小塚さんの家に一時共に下宿したりした。が日曜日になると滑石に戻り、正子、安子（陽一の妹、二女）、規子（三女）と5人で、トランプのナポレオンに打ち興ずるのであった。殆ど私が勝つのであるが、不思議と副官に指定すると正子さんが当たるのであった。陽一君が新制大学に入学して、宇留毛の家に残った陽一君の荷物を豊肥線の肥後大津駅までリヤカーで運ぶ時、正子さんはわざわざ滑石から二つの弁当を持って手伝いに来てくれた。リヤカーを私が引き、正子さんが押して並木道を運んだ。帰り道、リヤカーを頭上にかざし、坂を上ってあずまやで一服したが、私の怪力に驚いて見せた。帰り途中道路端で正子さんの持参した弁当を戴いた。私が玉子焼きを食べたら直ぐ自分の玉子焼きを私の弁当に入れてくれた。いろいろ話をしたが、なにを話したか覚えていない。私より1学年下であることが分かった。

○プロポーズの言葉は覚えていますか

陽一君が上京し新制大学に入学した後も、私は厚かましくも田畑家を訪問しご馳走になったり、芋を貰って帰ったりした。ある夜、何故か二人きりになり、「お父さんは、安子か規子を貰って欲しいみたいですよ」との言葉に「結婚するとしたら、貴女しか考えられない」と答えると、びっくりした様子で「私は結婚しない積もりです。弟や妹の面倒を見たいんです」とのことであった。「貴女は貴女自身の幸福を考えるべきではありませんか」とか「貴女が犠牲になったと知ったら、弟さんや妹さんは幸せになれますか?」「貴女一人で見るより二人で見た方が楽ではありませんか」など言ったような気がする。

○その頃お互いの容姿はどうでしたか

当方は校風の剛毅木訥、質実剛健の気風そのままに、破れ帽子を被り、質素な洋服に白い鼻緒の下駄を履き、恋を語るに相応しくない容姿で、正子さんは目が大きく笑うと笑窪の可愛いメッチェンであった。心は優しく、所作は女らしいしとやかさがあり、活動的で華やかであった。

【結婚の約束】

正子さんは私と結婚することを決意したらしく、7月のM小母さんからの見合いを断るべく家出し小浜の丑夫叔父の庇護のもと、我意を押し通した。9月に入ると、妹安子さんに呼び出され、熊本女子師範の寄宿舎にて、姉の窮状、早く婚姻の意思をお父さん達に伝えるべきことを告げられ、急遽滑石に赴き、正人父さん、丑夫叔父、清松の功叔父三人の前で「正子さんを下さい」と言ったが、みんなどんな顔をしていたのか見ることは出来なかった。こんな若輩に大事な娘をようやれるものか。大学に受かるかどうかも分らぬ小僧に親として許可出来るのか？『大学に合格できなかった時は大工をしてでも正子さんを幸せにします』などと言ったような気がする。誰にも異存はなかった。それは正子さんが言う事に間違いはないという正子さんへの信頼があったからだと思う。正子さんはとても家思いで、足の裏を怪我しながら田圃に出てガンヅメ押しをしたり、夜は昼の疲れもものともせず遅くまで、朝、義母と雇人が摘み取ってきた海苔を溶かした冷たい水溶液を枡で掬いあげ、上手にミスに貼り付ける作業を黙々と続けるのであった。弟陽一のこと、妹たちのこと、いろいろ考えて、結婚を決意したと思う。

【大学入試まで】

正子さんとのことは何時かは改めてお父さんにお願いすることであったが、思わぬ事で一件落着したが、心の負担は大きかった。

11月23日、大学生のチームの一員としてバスケの試合に出場した。ゴール下でボードから跳ね返るボールを奪い合うようにジャンプして下りる時左足を爪先から足の甲の方に着地し、動けなくなって仕舞った。文1の大久保君や寮同室の松元君に支えられて接骨医で治療を受けたが、なかなか腫れが引かず、松葉杖での階段の上り下りがうまく出来るようになって整形外科医の診察を受けたところ、「立派に折れています。生年月日は?」「大正……イタイ……」左足を引っ張って、力を緩めて収めたらしい。添木をして縛り、これで暫く様子を見て下さいとのこと。

授業にも出られず、勉強もできず、天井を眺めながら、焦燥の日々を送った。正月を此処で過ごすにも寮の食堂は閉鎖されるので、食べ物に苦労する。ああ、これは何かの天罰に違いない。文1の大久保君が12月28日に大分に帰ることを知り、彼の肩に縋ってやっと帰ることができた。翌昭和25年片足をひきずりながら、期末試験を受け何とか卒業して上京入試に備えた。学業とアルバイトとバスケと恋と、なんと目まぐるしい三年間であったことか!

大学時代

●学校名は、選んだ理由は

東京工業大学。

官立であり、授業料は安く、東京都なので、アルバイトしながら学業が続けられそうであった。

●専攻は。何か目的はありましたか

建築コース：戦後直ぐ木造建築に携わった経験が生きるかもとの淡い期待があった。

●名物教授などいましたか

谷口吉郎先生：建築設計

田辺平学先生：建築学

谷口　忠先生：建築構造

二見秀雄先生：建築構造

狩野春一先生：建築材料
藤岡通夫先生：建築史
後藤一夫先生：木造建築
清家　清先生：建築設計

●当時学生の気風はどうでしたか

戦時中、勉強する機会が奪われていた所為か学習熱は旺盛であった。経済的に苦しい人もいてアルバイトしている人もいた。

●金銭的には恵まれていましたか

大学一年生の時はアルバイトしなければ、生活出来ない状態であった。腕に覚えのある大工の技術はあったが、仕事を探す術がない。遠い他国に来た感じ。然し何とか棟梁を見つけて大工の仕事をして生計を立てた。物理と化学の実験は絶対サボれないので、予め棟梁に諒解を得てアルバイトを休むことにした。二年生の時は正子が教員として転職してくれたので、アルバイトは少なくなった。三年生になると卒論等もあり、アルバイトは辞めた。正子の働きに頼ってしまった。滑石からカズ婆さんを呼んで、正子と三人で大岡山に映画を見に行ったりした。

●下宿部屋などの様子は覚えていますか

一年生の時は従兄弟の佐藤隆二さんの下宿に転がりこんでいた。5畳半に半畳の押入れ、唯一の壁には隆二さんの机、私の机は無し。二人の布団を敷くともう足の踏み場もない。南側と西側に窓、北側は廊下に出る片開きの襖、南側には背の低い植物が複数本植えられていた。トイレは本家の物を共用させてもらった。南西の角地には共同井戸があり、長屋の人達の井戸端会議の場となっていた。

●下宿屋の人々は

玄関を入った直ぐ右横に一段高い半畳の二間続きがあって、火鉢にあたりながら80歳前後の白髪のお婆さんが上品にいつもチョコンと座ってニコニコしているのだった。お孫さんとおぼしき青年が二人同居していたが、目礼するくらいで話したことはない。二人ともお勤めをしているようであった。

【大学一年生】

遠い将来を見据えて計画を立てて実行することの難しい時代に生まれ育った関係上、最初は産業戦士を、続いて軍人への道を、敗戦後は自由闊達への憧れ絶ち難く旧制高校に席を置き、漂う浮草のごとく、徒《いたずら》に月日を重ね、遂に最終学府に辿り着いた。おまけに結婚の約束までしてしまっている。金はない。学校には行きたいが、生活の為には働かなくてはならない。一週間に二回、午後に休みをとる事を条件に理解ある棟梁の下、大工工事に従事したが、夜、友達のノートを写す毎日が続く。時々授業に出ると何となく違和感がある。ノートだけでは解らぬこともある。もっと自由な時間が欲しくて、日曜などを利用して本立てを作って学校の厚生係で売ってもらうことに仕事を変えたが、収入は減り育英資金でなんとか暮らす（2100円／月）。五月ぐらいまで、少し足をひきずっていたが、だんだんと回復し、バスケも出来るようになり、春の大学トーナメント戦、秋の大学リーグ戦にも出場した。練習は一週一度、試合の日もなんとかやりくりして、一年を終えた。

下宿では自炊を始め、隆二さんと交代で当番となり、一カ月1000円以内の食費に納まったときはお祝いに宝焼酎をスルメで飲んで盛り上がった。正子からは美味しい惣菜を送ってきた。

【大学二年生】

雪ヶ谷の窪田さんの物置を内装して、東京都への編入試験に無事合格した正子との新婚生活の場を、一年生の春休みに、頼りない正子の手伝いを得ながら整えた。三畳の畳の部屋、三畳相当の板の間、一間の押入れ、一間半の土間という間取りで、5日間くらいで仕上げた。物価の値上がりが激しく、予算をちょっと超過した。流し、トイレは本家のものを借りる事で月五百円でよいとの事、助かった。でも風呂がないので、遠くはないが、石川台駅近くの、坂を上り下りしたところに公衆風呂があり、そこに毎日通った。

アルバイトは少し減らして、〝陸王モーターサイクル〟のオートバイの機械製図の墨入れ(烏口による)のトレースをする事になった。これも工業学校時代及び、日立鉱山時代の製図が役に立っている。

バスケは長野の〝日の出旅館〟善光寺のまん前の旅館に泊まり、一週間の合宿をした。正子は上野駅まで見送ってくれた。不思議なことに、正子は一度もバスケを辞めろといったことがない。こんなに生活が苦しいのに。山元先生と二人で駿河台の明治大学の体育館の2階から応援をしてくれたりした。

近所に〝さんしょうや〟という魚屋があり、「魚の値段を聞かずに買えるようになりたい」というので「そんな事でいいの」といったら怪訝な顔をしていた。ずーっとあとで聞いたら「この人はなんて大きな事を言うんだろうと思った」という。じゃがいもが安いからと洗足池の一つ手前の長原駅で降りて、重いのにぶら下げて帰ったり、コロッケが大岡山の店で土曜日10円2個のところ3個なので、わざわざ買いに行くとか、活動的であった。

【大学三年生】

三年になると、授業も難しくなり、アルバイトを辞めた。卒論があり、学生は夫々の研究室に分かれて、担任の先生の研究中の案件の一翼を先生の指示を受けて実験し、その結果を図表化し考察を加え、諸先生の前で発表し、評価を受けるわけだが、建築材料専門の狩野春一先生、仕入豊和助手のもと、〃ＡＥコンクリートの容積変化と浮遊水について〃無事終了した。後は卒業設計があり、製図板を家に持ちこんで、毎晩遅くまで製図した。終わってから美川君の製図を手伝ってへとへとになった。

新制大学の第一期生と同時就職であった為、就職難であり、大先輩の勤める〃Ｋ株式会社〃に就職した。狩野先生は中野組を奨めてくれたが、お断りした。中野組に入っていたら、また違った人生であったと思う。

【長男の誕生】

昭和28年3月12日、御茶ノ水の三楽病院で長男弘明が生まれた。正子の先輩、同僚の仲良し先生達が駆けつけてくれた。山元、大久保、谷川先生等は予定日を過ぎても廊下に空の籠が置いてあるので、何回も訪れたようであった。大学生であった私は毎日見舞いに赴き、不安と期待の日々を過ごした。少し難産のようであった。大事を成し遂げた妻は安らかな顔をしていた。体重２８００グラム、元気な赤ちゃんであった。滑石から規子さんが手伝いに来てくれた。

壮年及び熟年時代

昭和28〜昭和60（1953〜1985）年、28〜60歳

【K株式会社時代】（昭和28年4月〜昭和29年7月）

昭和28年4月、岡隆一先輩の所属する不動産管理と建築設計を業とするK株式会社に入社、早速構造計算の手伝いをすることになった。会社は大手町東京銀行の2階にあり、筋向かいが富士銀行であった。東京駅北口から徒歩10分くらいで、最初は雪ヶ谷から通い、29年夏ごろ、京浜急行の北品川駅近くの伊見さん宅2階に引っ越した（10畳と6畳2間と押入れ1間半）。部屋代は6000円、給料は1万1000円、正子の給料は1万3000円くらい。28年8月、お手伝いさんとして、正子の教え子、滑石からトッチャンが来てくれて、規子さんは帰った。K会社の設計部には、意匠、近藤さん、長野さん、構造、佐々木さん、畠中さんと私であったが、佐々木さんは、内職の名手で、こちらにも回してくれたので、夜遅くまで、構造計算したり図面を書いたりした。2万円、3万円と小遣いが入るので、経済的に助かると同時に計算力にも磨きをかけていった。

29年正月には、弘明を連れ、滑石と大分で別々の披露宴を夫々の自宅で親戚のみではあったが、挙げることができた。同年4月、昇給は無し。同級生に電話で聞いたところ、皆昇給して、

俺より安かった者にまで、追い越された。将来性もなさそうだし、転職を考えるようになった。東工大で情報を集めていると、設計の清家清先生のところへ行ってみたらとのことで、早速お邪魔して様子を伺ってみると、或る大手の食品会社が建築技師を欲しがっているとのこと。其処の専務取締役と清家先生のお父さんが蔵前高等工業で機械科の同期で仲がよいとのことで、誰かいい人が居れば推薦してくれとのことのようで、私のような者で大丈夫かとは思ったが、ここは当たって砕けろで、推薦をお願いした。

食品会社M㈱での面接は、夏の暑い日であったが、半袖のシャツにネクタイを締め、出社したところ、人事部長から上着は？　と聞かれ、持っていないことを告げると、呆れたような顔をされたが黙って応接間に通してくれた。応接間には真正面に専務取締役の浦島亀太郎さん、両側に細井、牛丸の両常務取締役、端っこに工務部長の大橋勇さん（この人が職場の上司となる）。質問は殆ど浦島さんからであったが「酒は飲めるか」「はい、少々」「ウイスキーはどれだけ飲めるか」「ウイスキーは飲んだことはありませんが、焼酎なら2合は飲めます」と答えたところ、和やかな雰囲気が流れた。その頃ウイスキーは高級な飲物で我々薄給の者どもは口にすることは殆どなかった。そのようなやりとりがあったのを覚えているが、あと何を聞かれたか、さっぱり覚えていない。卒業1年目なので、まさか妻帯はしてないであろうとの思惑があってか、人事部長はそのことの設問を外した。ところがこのことの質問があり妻帯していることが分かると人事部長は「何故それを言わなかったか」ととても不機嫌であった。「ああ、これは駄目だな」と思っていたら、合格通知が来た。

【M㈱時代】

○転勤は

昭和29年8月……………………M㈱入社
昭和29年8月〜昭和31年1月……本社工務部
昭和31年1月〜昭和34年2月……川崎工場工務部第1課
昭和34年2月〜昭和34年8月……大阪工場工務課
昭和34年8月〜昭和60年1月……本社工務部

○所帯を持ってからの家の変遷史など

昭和26年3月……大田区雪ヶ谷
昭和29年…………北品川（10畳＋6畳）
昭和30年…………東蒲田住宅（住宅供給公社の賃貸）
昭和34年9月……M㈱大森第3清風荘1階−3階−第4清風荘3階
昭和46年11月……横浜市南区六ツ川

○二男の誕生

昭和33年4月17日、二男嘉明が誕生した。御茶ノ水の三楽病院で、大変な難産で、胎児に影響を及ぼすとのことで、麻酔なしで帝王切開を受けたという。滑石から四女征子さんが手伝いに来てくれた。兎に角、五体満足であれば、それ以上何を望むことがあろうか、この時も品川小学校の諸先生方が見舞いに来てくれた。

●各住居での住み心地は

北品川の伊見さん宅は2階で、階段を上がって直ぐに6畳で奥が10畳の2間、お手伝いさんを6畳に寝かせ、10畳は親子3人の寝所と私の仕事場であった。M㈱に勤めるようになっても、K㈱の佐々木さんから構造設計の依頼があり、期限付きなので、夜遅くまで計算をしたり、構造図を書いたりした。便所、台所は伊見さんと共用、風呂は公衆浴場へ、陽一さんが時々来て、弘明を風呂に連れて行ったりした。

旧東海道が直ぐ近くにあり、商店街は賑わっていた。お手伝いさんはトッチャンからミッチャンに変わった。東蒲田住宅は四階建ての壁式構造で、我家は一階、6畳、6畳、台所、浴室、便所があり、今までの不自由さに較べて格段の差であった。正子は長い間、専用の台所も持たず苦労したが、一言の文句も言わず明るく振る舞っていたことは、感服するほかない。

M㈱の社員寮に引っ越してから、家賃は安くなり、冷蔵庫を購入したり、35年には正人親父、小浜の丑夫叔父二人の訪問を受け、正人親父は真っ昼間からウイスキーを飲んで、ご機嫌になり、バルコニーで昼寝をしたりしたらしい。正子は恥ずかしいから止めてと言っていた。第3清風荘、第4清風荘の3階は課長用で部屋数も多く、勤労部の人の推挙で引っ越した。

●会社での業務は

丁度高度成長時代にぶち当たり、全国各所に新しい敷地を求め、工場を建設、社員家族寮、独身寮をはじめ、保養所、山の家、海の家、インドネシア、タイ、台湾等の海外工場、また別会社であった商事会社との合併により、営業拠点である支店、営業所などの改築工事等の設計依頼や、工務部内に一級建築士設計事務所を設けて、自ら設計、工事管理を行った。以下一覧表で示すが、建築物等は30年乃至60年経過しているので、現存しないのもあるし、名称も変わっている。過去の物語として、ここに留める。

工事名称	工事内容	完（昭和）
本社　第2清風荘	新築　サーモコン2階	29　家族寮
大阪工場	**新設**　R，C造2階建他	30　**高槻市に工場**
同右　第1桜花荘	新築　R，C造4階建	30　社員家族寮
川崎工場　菊花荘	新築　R，C造4階建	30　同右

東京工場　松風荘	新築	R，C造4階建	30	同右
川崎工場　梅花荘	新築	R，C造4階建	31	同右
川崎工場3、4号館	新築	R，C造5階、2階建	33	4号館1階、浴室
川崎工場　厚生館	新築	木造2階建	33	売店、散髪、和室等
大阪工場2号館	新築	R，C造平屋建	34	一部2階建P，C構造
同右　第2桜花荘	新築	R，C造4階建	34	社員家族寮
本社　第3清風荘	新築	R，C造4階建	35	同右
小田原工場1号館	**新築**	R，C造2階建	36	**初RC構造**
中央研究所	**新設**		36	**横浜市師岡に**
淀川工場菊水荘	新築	RC造4階建	36	社員家族寮
岡山SH　2階	増築	木造2階建	36	
宇和島KZ　工場	新設	S造平屋建	36	技術援助
上ノ山工場KZ工場	新築	S造平屋建	37	社員家族寮
本社　第4清風荘	新築	R，C造4階建	37	同右
川崎工場2号館	増築	RC造4階建	37	道路側
大阪工場3号館	新築	R，C造平屋建	37	
小田原工場I，C建屋	新築	S造5階建	37	

藤枝工場橘荘	新築	RC造4階建	37	社員家族寮
川崎工場春秋荘	新築	RC造4階建	38	同右
中研人工気象室	新築	S造平屋建	38	
淀川工場1、2号館	**新築**	RC造4（3）階	37	**工場**
上ノ山工場ボイラー室	新築	S造平屋建	37	
大阪工場　ボイラー室	新築	S造平屋建	37	
小田原工場　同右	新築	S造平屋建	37	
赤倉山荘新設	**新設**	木造2階建	37	**赤倉に健保にて**
戸畑工場事務館	新築	RC像2階建	37	
函館工場　鈴蘭荘	新築	RC造4階建	37	社員家族寮
中研　JA室	新築	S造2階建	38	
大阪工場食堂	新築	RC像2階建	37	
大阪工場第3桜花荘	新築	RC造4階建	38	社員家族寮
本社　独身寮	新設	RC造4階建	38	
足柄工場	新設	RC造～S造　他	38	**小田原市に工場**
上ノ山工場冷蔵庫	新築	RC造平屋建	38	
足柄工場　清流荘	新築	RC造4階建	38	家族寮A，B，C～3棟

同右　富岳荘	新築	RC造4階建	39	家族寮
中研　3号館	増築	S造平屋建	39	
東京工場　食堂	新築	S造平屋建	39	
上ノ山　食堂	新築	S造平屋建	39	
川崎工場1、2号館	増築	RC造4階建	40	
足柄工場タンク上屋	増築	S造造2階建	41	125トン、タンク×2基
びわこ荘	**新設**	C造2階建	41	**琵琶湖畔に健保にて**
足柄工場清流荘D棟	新築	RC造4階建	41	社員家族寮
KK食品製造室	増築	S造平屋建	41	
中研　4号館	新築	RC造2階建	41	
中研　食堂	新築	S造平屋建	42	
中研　原動機室	増築	S造平屋建	42	
小田原工場I，C建屋	増築	S造5階建	42	
食品FD製造室	新築	RC造2階建	42	丸子にRC造
足柄工場BY館	増築	S造2階建	42	125トン、タンク×2基
淀川工場1号館	増築	RC造4階建	43	
中研　YR室	増築		43	

足柄工場事務館	増築	RC造2階建	43	
中研　発電機室	新築	S造平屋建	43	
中研　D飼育室	新築	S造平屋建	43	
足柄工場BY館	増築	S造2階建	43	125トン、タンク×2基
淀川工場GH室	新築	S造	44	
PA　横浜工場	**新設**	S造、RC造	44	**横浜市にPA工場**
中研　5号館	新築	S造	44	
中研　食堂	増築	S造平屋建	44	
東海工場	**新設**	RC造4階建他	44	**藤枝市に工場**
広島工場冷蔵庫	新築	RC造平屋建	44	
足柄工場BY館	増築	S造2階建	44	300トンタンク
百合が丘総合グランド	**新設**	R，C造2階建他	45	**食堂、野球場、プール**
淀川工場3号館	新築	RC造2階建	45	
同右2号館	増築	RC造3階建	45	
中研　温室　第3期	増築	パイプ造平屋建	45	
中研　厚生館	新築	RC造2階建	45	
中研　JA－SS館	新築		45	

小田原工場厚生館	新築	Ｒ，Ｃ造２階建	45	
足柄工場ＢＹ館	増築	Ｓ造２階建	46	１２５トン、タンク×２基
同右　ＳＫ室	増築		45	
日吉独身寮	増築	ＲＣ造	45	
ＫＫ食品製造室	増築	Ｓ造	45	
戸畑工場　卓球室	新築	Ｓ造	45	
大阪　ボーリング場	**新設**	Ｓ造	45	**大阪工場隣地に**
岐阜工場	**新設**	ＲＣ造、Ｓ造他	46	**北方町に工場**
中研　７号館　新築	新築	Ｓ造	46	
小田原工場廃水処理槽	新造	ＲＣ造	46	
大阪　ボーリング場	増築	Ｓ造平屋建	47	
小田原工場Ｇ飲	新築	Ｓ造平屋建	47	
大阪工場流通センター	新築	Ｓ造平屋建	48	
秋田営業所	新築	Ｓ造２階建	48	
盛岡営業所	新築	Ｓ造２階建	48	
愛媛ＫＺ　食堂	新築	Ｓ造平屋建	48	
中研　８号館	新築	Ｓ造平屋建	49	

インドネシア工場	**新設**	S造平屋建他	49	**バンギルに工場**
姫路　営業所	新築	S造2階建	49	
小田原工場原料棟	新築		49	
豊橋　営業所	新築	S造2階建	50	
平塚　営業所	改修		50	
岐阜工場　SS館	増築	R，C造	50	
神足マンション	新築	R，C造	50	**神足工場跡地、売却**
北見営業所	改修		50	
北上工場　新設	**新設**	RC造、S造他	51	**北上市に工場**
北上工場家族寮	新築	R，C造	51	社員家族寮
北上工場独身寮	新築	R，C造	51	社員独身寮
PA、PPO製造	新築	S造平屋建	51	
釧路営業所	改修		51	
福井営業所	新築	S造2階建	51	
甲府営業所	新築	S造2階建	51	
MK殿（百合が丘グランド）	新築	RC造平屋建	51	
M記念館（同右）	新築	RC造2階建	51	

小田原ＦＰＡ室	増築	Ｓ造平屋建	51	
小田原工場１号館３階	増築	Ｒ，Ｃ造４階建	52	
広島工場倉庫	新築	Ｓ造平屋建	52	
鹿児島支店改修	改修		52	
乾燥ＭＳ工場	新築	ＲＣ造３階建	52	
中研ＪＡ室	新築	Ｓ造２階建	52	
足柄工場ＪＡ室	新築	ＲＣ造２階建	52	
北上工場３号館	増築	Ｓ造平屋建	52	
宇都宮試験所と宿舎	新築	Ｓ造平屋建	52	
台湾ＳＺ工場	新築	ＲＣ造	52	技術援助
久留米営業所	新築	ＲＣ造２階建	52	
宮崎営業所	新築	ＲＣ造２階建	52	
足柄工場無菌室	増築	Ｓ造平屋建	52	
新潟支店	新築	Ｒ，Ｃ造２階建	52	
北上工場ＤＢ室とＪＲ室	新築	Ｓ造平屋建	52	
山形営業所	新築	ＲＣ造２階建	52	
長岡営業所	新築	ＲＣ造２階建	53	

浜松営業所	新築	RC造2階建	53	
和歌山営業所	新築	RC造2階建	53	
インドネシア倉庫	増築	S造平屋建	53	
熊本営業所	増築		54	
関東工場　新設	**新設**	RC造、S造、他	54	**坂戸市に工場**
富山営業所	新築	RC造2階建	54	
岐阜CO・ST原末棟	増築	RC造平屋建	54	
中研9号館	新築	RC造5階建、地下1階	55	
北上工場管理棟	増築	R，C造平屋建	55	
タイM　工場	**新設**	S造他	55	**ラカバンに工場**
沼津営業所	新築	RC造2階建	55	
北上工場3号館	増築	S造3階建	55	
大阪工場外販設備上屋	増築	S造2階建	56	
大分営業所	新築	RC造2階建	56	
足柄工場技術研究所	増築	RC造2階建	55	
インドネシア厚生館	新築	RC造2階建	55	
宇都宮SK試験室造	増築	S造平屋建	56	

宇都宮研修寮	増築	木造？	56
徳島営業所	新築	ＲＣ造２階建	56
足柄工場醗酵槽	新造	ＲＣ造	56
北上工場３号館	増築	Ｓ造３階建	56
北上工場事務館	増築	ＲＣ造２階建	56
徳山営業所	新築	ＲＣ造２階建	57
岡山営業所	新築	ＲＣ造２階建	57
大阪工場ＴＫ　ＯＢ室	増築	Ｓ造平屋建	57
大阪工場ＭＡ処理棟	新築	Ｓ造平屋建	57
福岡流通センター	新築	Ｓ造平屋建一部２階	57
中研５号館	増築	Ｓ造３階建	57
ＰＡ・Ｋ工場	増築	Ｓ造平屋建	57
広島工場ＯＺ室	新築	Ｓ造６階建	57
戸畑工場別館	新築	Ｓ造２階建	57
インドネシアＳＺ館	増築	Ｓ造平屋建	57
インドネシアＳＳ館	新築	Ｓ造平屋建	57
小田原工場１号館工事	補強	ＲＣ造３階建	57

北上工場危険物倉庫	新築	ＣＢ造	58
足柄工場醗酵技研	新築	Ｓ造３階建	58
足柄工場事務館	増築	ＲＣ造２階建	58
三重営業所	新築	ＲＣ造２階建	58
岐阜工場第４ＳＳ棟	新築	Ｓ造平屋建	58
関東工場ＭＡ処理棟	新築	Ｓ造平一部２階	58
中研食堂	増築	Ｓ造２階建	58
岐阜工場ＢＹ館	増築	Ｓ造３階建	58
川崎工場３号館工事	補強	ＲＣ造５階建	58
柏営業所	新築	ＲＣ造２階建	58
小田原工場３号館	新築	ＲＣ造３階建	59
広島工場品質管理棟	新築	Ｓ造２階建	59
岐阜営業所	新築	ＲＣ造２階建	60

●仕事上の壁にぶつかった時はどう乗り越えましたか

宇宙のことを考えることにした。広大な宇宙に較べたら、ちっぽけなことに悩む空しさを思えと無理に自分に言い聞かせようとしていたように思う。

●子供の頃から続けてこられたスポーツ、趣味などは何でしょう

小学校5年生の頃からバスケットボールに興味を持ち、工業学校、五高、東工大とバスケットを続け、すべてキャプテンを務めた。37歳の時、初めてゴルフに出会いそれ以降はゴルフに熱中した。

●周りからどのような人間と思われていたでしょう

本社工務部では、各期毎の各工場の工事を申請させ、予算編成させる書類選考の業務を遂行していたが、その審査に当たっては、相当厳しかったらしく、誤解されていたようだ。工場に行って酒を飲んでいるときなど「柴家さんてこんな人だとは思わなかった」とよく言われた。コチコチでうるさく、融通の利かない人間と思われていたようだ。上司もいたし、部下もいた、建築関係の業者との付き合いもあった。彼らがどう思っていたかは今でも分からない。

●妻との会話の内容は主にどんなことでしたか

妻は中国の漢口に生まれたとのこと、お母さんのはぎさんは送り嫁で、お父さんが太っていたので嫌だったとのこと、小学校のとき、作文（つづり方）で、全国で一位か二位になったこと、師範学校時代は食糧のない時期で、お父さんが、おたふく豆を沢山持って来てくれたこと、教員になってからは、高道小学校に通い、大変可愛がられたこと、継母とのことで父とはうまくいかなくなったこと、妹たちの面倒を見たいこと等、もっぱら聞き役であった。

●家族に大きな変化はありましたか

昭和27年兄生太郎が病死、昭和40年義母ヒデさんが脳梗塞で倒れ、寝たきりとなり、44年死亡、53年父性九郎死亡、滑石では、義父正人さんが39年に、義祖母カズさんが47年に死亡した。長男弘明は53年に、二男嘉明は59年に結婚した。56年には初孫真弓が誕生し、59年には二人目の孫娘志帆が生まれ、妻は男のみの子供だったのでとても喜んだ。

●仕事中心の生活でしたか

今思えば高度成長時代の真っ只中であったようで、会社はこの時期、各所に土地を求め、大阪工場、東海工場、関東工場、パン横浜工場、足柄工場、岐阜工場、北上工場、横浜に中央研究所等新設、国外にはインドネシア、タイ、韓国等に工場の建設を行った。その他に家族寮、独身寮、体育施設、保養施設、営業拠点の支店、営業所、倉庫、流通センター、既設工場の補強工事等の殆ど総ての工事に関与し、夜遅くまで仕事に追われた。工事実績表に記した通りである。だが酒も飲んだし、マージャンもしたし、流行り始めたカラオケもやった。だがこれも総て仕事の延長であった。

●同年代の人との話題はどんなことでしたか

中途入社なので同期会も関係なく、学校のクラス会は、一、二度あったかも知れぬが、何を話し合ったか覚えていない。

●余暇の過ごし方は、熱中していたものは

酒も飲んだし、カラオケもやったし、マージャンもした。熱中するという程ではないが、ゴルフは本を読んだり、いろいろの打法を試みたりした。工務部のコンペに何回か優勝し、また南千葉カントリークラブのシニア杯でベスグロ、準優勝等の結果を残した。

【特に記憶に残る建設工事】

1　大阪工場1号館、2号館

昭和29年8月に入社して、川崎工場で約2週間の実習を受け、10月、長期出張という形で高槻市東五百住の現場に派遣された。東工大2年先輩の西沢俊雄さん（機械担当）と2人で工場敷地の片隅に掘っ立て小屋をあてがわれ寝起きした。外部は下見板張り、内部ベニヤ板張りで冬の夜は寒くて、とても眠れない。足元にトランクを置いたり、衣服を全部布団の上にかけても、なかなか温まらない。今のように電気毛布などあれば、どんなに助かったことであろう。食事は朝は、近所の農家に自転車でかけつけ、其処に宿泊しているT造機（機械据付の業者）

の諸士らと、沢庵と梅干と味噌汁を食べた。昼は事務所で取る弁当、晩飯はどうだったか覚えていない。工場敷地の南側は線路、左右は田圃、北側は道路を挟んで田圃、少しあとになるが、西側に松下電器の工場、東側にサンスターの工場ができ、M㈱の工場は200mの長さで東海道線沿線の名物風景となった。

昭和34年に2号館が新築されることになり、この時も長期出張となったが、宿舎は1期工事のとき、建築した家族寮があり、その1戸で伊藤守也氏（機械）、斉藤祐輔氏（機械）と3人で起居をともにした。通いの小母さんに料理を作ってもらい、温かいご飯と味噌汁を食べることができ、1期の時とは雲泥の差であった。新しい工法、PC構造でRCで18mのスパンの2倍プラス4mで合計40mの奥行き、桁方向は5mスパンで150mの堂々たるもので、屋根WT（ポストテンションのPC）を置いている最中、PC構造の第一人者京都大学の坂静雄先生が六車先生と見えた。18mスパンのPC梁は工場の片隅でピアノ線にテンションをかけ、コンクリート打ち込み、コンクリートの強度を確認後、ピアノ線を切断すると幅40㎝、高さ90㎝、長さ18mのコンクリートの中央部分がグッと持ち上がったのには驚いた。

浦島社長も、大橋工務部長もこの梁を視察に来られた。ご両者とも、東工大の前身、蔵前高等工業機械科出身である。

現場打ちコンクリート柱とこの既成コンクリート梁とが一体化するのか、大学時代狩野研究室での同僚の行った実験結果を知っているので、接合部の清掃に特に注意させた。

2　PTインドネシア工場、タイ工場

2－①　インドネシア工場：昭和49年5月

雨期あけを待って着工した。ジャワ島のパスルアン県のバンギルという小さな村。設計は当社、施工は現地建設業者G社、当社からは難波（設計担当）、門馬（構造担当）を現場監理者として、常駐させた。初めての海外工事であり、宿泊所、水、食事、交通手段、言葉など問題点は多々あったが、両者とも30歳前後であり、病気も怪我もせず、頑張り通してくれた。いくら感謝してもし足りないくらいである。

G社に工事依頼したのは、パートナーの商社M社よりの推薦による。G社は商社M社及び著名なA食品会社両社の依頼により、A食品会社のインドネシア工場を建設した経験があり、我々もそれを見学して一応納得した。然し無菌室の工事等についての認識はなく、説明するのに苦労した。12月には竣工し、早期完成に関係者を驚かせた。これも常駐した門馬、難波両君の功績大である。

建物工事が凡そ出来る頃、機械据付の監督に斉藤祐輔君はじめ機械、電気の担当者が着任し、一軒屋に宿泊して門馬君たちの最初の苦労は幾分、緩和された。それまでは、高地にある宿舎と現場への往来は、商社M社のボスの所有する車が来るまでは、身動き出来ず、村に食べる所もなく、宿から出されるチャーハンのような焼飯を食べるしかなかった。油が精製されてないらしく、慣れないと鼻について、味も今ひとつでひどい目に遭ったらしいが当時の現地では、

致し方のないことであった。総て商社M社が段取りしてくれたもので、ある意味感謝すべきであったかもしれない。私は2カ月に1回2週間程度、留まって、技術指導や休日の食べ歩きをしたが、斉藤君たちが来てからは、ラカバンという観光地や、トレーテスの夕涼みと散歩、水泳も一日中楽しんだりした。

建物は、柱はRC造で2回に分けて打ち込み、屋根は鉄骨造で母屋は軽量鉄骨で屋根材は鉄板葺きで、パラペットを立ち上げ、軒天を張り、一応の体裁を整えた。

笹井生産部長（後に社長）は現地法人のパートナーとは30年契約だから、30年持てばよい、安く、安く、出来るだけ安くというので、随分工夫もした。地震は皆無との情報であったが、日本の半分の地震力を考慮して設計した。耐震上関係のない母屋の肉厚等は薄くした。

このプロジェクトは生産部、営業部、工務部、川崎工場工務部が関与していて、商社M社、現地法人会社社長との交渉が各分野で、適時行われ、うまく進行したと思う。バンギルの工場敷地の図面がなく、営業部の加藤直樹君と磁石と目測でヘンチクリンな格好をした境界線を持つ敷地の図面を作りあげたのが、今でも話題になっている。サルマタいっちょうの子供達がゾロゾロついて来て、こちらの会話を真似して大笑いするのであった。

2－② タイM㈱工場建設

昭和53年、タイに工場を建設することになり、設計は当社、施工は、日系の請負会社数社を見積もり合わせの上、最も低額の西松建設に依頼することとなった。当社からは門馬、吉岡両君を派遣し、工事監理の任にあたらせた。インドネシアとは違いタイの首都バンコクから近かったので、適切な宿舎があり、両側にブーゲンビリアの花咲く道路をラカバンの工場へいけばよかった。ここでは、電気の西村秀文君、加藤光雄君も交えて、ピアノの名手のいるカラオケ店で、〝北国の春〟などを熱唱した。西松建設には東工大の4年後輩の太田茂雄君がいて、工事の手配に万全を期してくれていて、頼もしい限りであった。タイでも商社M社との付き合いで成瀬さん（インドネシア工場建設の時お世話になった）の弟さんとゴルフなどをして交流を深めた。インドネシア語もタイ語も、通勤途中の電車の中で一生懸命勉強した。タイ語で菓子はクエー、キンメダイは食べられないなど少し覚えているが、殆ど忘れてしまった。

3　百合が丘総合グランド、赤倉山荘、びわこ荘の建設

3－①　百合が丘総合グランド建設

百合が丘総合グランドは、百合が丘に山林を求め、これを埋め立てるのに大量の土砂を搬入し近所に居住の人達に大変ご迷惑をかけた。敷地内には深い沢があった為、大きな配水管を敷設してこれを保護し埋め立てるという大土木工事を行い、低いほうには、盛土の上、高い石垣を作って之を支え、野球場、テニスコート、プールを作り、社員及び家族の人々の活用に備えた。またRC造2階建の宿泊施設及び食堂を設け、好評を得た。当家の嘉明君も友達と訪れ遊

んだということだった。

3―② 赤倉山荘建設

赤倉山荘は、長野駅で乗りかえて、赤倉で降り、山道を登り20分くらいの敷地に、全く山小屋風に建てられた木造2階建ての瀟洒な建物で、風呂は温泉、洒落た吹抜けのロビー、2階は廻り廊下があって、宿泊施設に入る。和室と洋間があって、洋間は2段ベッドになっている。S工務店の伊藤功氏の設計であり、骨組み完成時、社長自ら検査に来られたのには驚いた。完成後、一家4人と品川小学校の山元先生と一緒にスキーを楽しんだ。この様子を録画で見ることが出来るが、経済的に厳しい中にあって、撮影や映写の機器を何時手に入れたのか、妻の力量に今更ながら感服している。

3―③ びわこ荘建設

琵琶湖の沿岸で、裸足で歩いていって湖に飛び込める、RC2階建ての宿泊施設を建設した。これも赤倉山荘と同様、健保組合の施設で佐々木博勤労部長の依頼を受け、お手伝いした作品である。琵琶湖を一望に収める風景は、吹き抜ける湖風の香りとともに、この世の憂さを忘れさせるものであった。

此処も親子4人で訪れ宿泊し泳いだ。

その他の新設工場、新築工事

足柄工場、東海工場、岐阜工場、北上工場、中央研究所、関東工場、小田原工場等々夫々にいろんな思い出はあるが、割愛する。その他支店営業所の新築などのほとんど総ての図面に目を通し、地鎮祭、中間検査、竣工検査に立ち会ってきた。夜遅く帰り、偶には午前様になることもあり、亡き妻にも、子供達にも申し訳ないと思っている。

老年時代

昭和60（1985）年～

●勤めを終えられて、人生に何を感じましたか

会社から、もう来なくてよいと言われた時は、覚悟していたとはいえ、やはり淋しかった。妻は私の働く姿をとても好いていて、背広姿が一番似合うと何時も言っていた。けれども失業保険が出る間は再就職をする積もりはなかった。また再就職の運動もしなかった。小学校を出て直ぐ就職した人に較べたら、随分遊んだのだから、もっと働くべきだとは密かに思っていたが、一方人生の一番いい時期を会社に吸い取られたような気もあった。

●妻にかけてあげた言葉は

男の子供を二人育てあげ、子供達は夫々家庭を持ち、家を離れて行き、夫婦二人きりになっての定年である。経済的に苦しい時もあったが、なんとか一戸建ての住居も得て、ある程度の安堵感もあり、いろんな事もあったが、協力してよくやって来たことに対して、お互いに感謝の言葉を交わした。そして私達を取り巻く環境は厳しかったが、一種の達成感はあった。

●これからどのような生活を考えられていますか

まだ充分働ける状態にあったのでチャンスがあれば、再就職し、出来れば残業などせず、早く帰ってノンビリと鰯でも食って一杯飲みたいと思った。

●思い出に残る旅行は

赤倉山荘
びわこ荘
大分～熊本……熊本城
佐渡・北陸……永平寺、東尋坊、兼六園、輪島の朝市
青森……ねぶた祭り、八甲田山、奥入瀬川畔、十和田湖
沖縄……首里城外
高知～松山……松山温泉（弘明）
湯河原～箱根
帝釈天～矢切りの渡し（嘉明）

【定年退職直後】

昭和60年1月31日、31年間勤めた会社を退職した。暫く放心したように毎日日曜日を楽しん

でいたが、自動車運転免許を獲得すべく、教習所に通い始めた。運動神経も鈍っていて、車庫入れなどに苦労したが、やっと路上運転まで漕ぎつけたとき、一日人間ドックを受けたところ、GOT400、GPT400と値が高く、即、入院ということになり、妻を呼び、大森商店街のレストランで、ビフテキとエビフライと酒とビールで乾杯し、暫しの別れをした。

大森のM病院では、毎日500mlの点滴と7種類の薬を与えられ、尋ねても薬の説明をしてくれず、「私を信用しないのか」と副院長は気色ばむのであった。一応総合病院であるので、前立腺の薬を貰い、飲んだところ、GOT800、GPT1000と上昇した。この病院に見切りをつけて退院し、五高の同期生池永達雄君（後に一時天皇陛下の主治医）のいるT病院に入院した。ここでは、点滴も薬も一切なく、食事療法だけで検査漬けであった。所謂薬漬け、検査漬けというのはこういう事だったのかと納得した。

妻はガンではないのかとの風評におびえながら、電車を乗り継ぎ一日置きに往復5時間かかる梶が谷まで下着を洗濯しては、見舞いに来てくれた。この時の妻のストレスは相当のものであったであろう。

一カ月以上の入院生活で足はフラフラ、病院敷地内にある患者用のわびしい散歩道を妻と一緒に歩いた。肝臓障害の原因も分からぬまま、GOT、GPTともに50以下に下がり、退院を希望したが、〝肝生検〟をしなければ、退院させないという。病院にそんな権利があるのかどうか、今でも分からないが、こちらは、退院したい一心で兎に角その検査を受けたが、検査後動けなくて、辛い思いをした。体に空気が溜まり、それが抜けるまで2日間は寝たきり、今後は酒を一切飲まぬよう忠告を受けて退院した。酒を飲むと80歳くらいまでに、肝硬変になると云われた。

退院後、運転免許を取り、妻を鎌倉の海岸や、川村鍼灸クリニックへのマッサージ、先輩伊藤守也さんのお宅、愛犬太郎の診察などへ車で連れて行き、少しばかり妻孝行した。また千葉の南千葉カントリークラブのシニアコンペに出場し、ベストグロス賞、準優勝に輝いたこともあった。

同年夏ごろS工務店の五味儀信副社長の来訪があり、工務監督として建設現場の指導に当たることを依頼された。

【S工務店時代】

S工務店は、佐藤秀三さん（大工の棟梁であった）が、各所の山小屋を建設し、その斬新な設計と見事な施工により、信頼を得て、一流企業の厚生施設などを設計、施工しながら、急成長した中堅建設会社である。私の業務は、大手の建設会社を定年退職された高宮さんと共に工事中の建物の中間検査と竣工検査に立ち会い、駄目出しし、後々の瑕疵を未然に防ぐことであった。

それとは別に、意匠、構造、設備図のチェックを行い、施工前会議にて、設計上及び施工上の問題点を摘出して、打ち合わせをすることが加わり、今一人工務監督となった矢部さん（S工務店構造担当者で定年となった）と手分けして、午後は毎日RC構造物の配筋検査に出かけた。

暑い日にヘルメットを被って汗だくで這いずりまわったお陰で、頭のテッペンが禿げた。約6年8カ月で、一応退社したが、横浜支店より声がかかり、配筋検査のみ実施することになり1週間に2～3度適宜、現場に赴き、指導に携った。一方平成7年まで、2～3年生の研修や、6年生の研修の原稿を作り、主として、鉄筋コンクリートの原理、施工上注意すべき要点などを細かく、講義した。

【妻の死】

平成8年8月7日、妻、正子が永眠した。71歳であった。正子の弟陽一君が死亡して半年も経たぬうちのことであった。

思えば母亡き後、姉弟協力して妹達を援助し励ましあって生きてきた2人が、仲良く、心置きなく、あい携えるが如くこの世を去ったこと、お互いを思いやりながらの闘病生活であったと思う。陽一君がわが家に来た時など、3人で遅くまで話したあと、更に遅くまで2人で話すのが常であった。陽一君は重篤なる病状にも拘わらず、正子を見舞い、帰りの航空機には、車椅子にて搭乗し、本人の病状を悪化させたに違いない。きっとお別れに訪れたのだと思う。見送りに行った今は亡き末妹の美智子の話によると、羽田までやっと辿り着き、車椅子を頼んだとのことであった。妻は心筋梗塞のあとの多臓器不全、陽一君はC型肝炎が死因であった。

【妻の死後】

どんな本を読んでも、心を満たすものはなかった。鬱々として日々を過ごしているうちに、自分が如何に妻に頼りきっていたか、如何に妻の健康状態に対して無関心であったかを思い知らされた。感謝の念と慙愧に絶えぬ思いは、日を追って増していき、何をすべきかなかなか摑めなかったが、ふとしたことから、般若心経の写経を思い立ち、墨書した。一見して、体をなしておらず、これは駄目だと、日本書道協会に入会して、書道に励むこととし、ある程度上達して、写経を始めた。大部分の時間を書道に費やし、一日一枚〜二枚、写経する生活が続いた。合計六百枚書きあげるのに約三年が経っていた。

終

付 録　65年昔の手紙

65年昔の手紙

私は英語教員であるので、英語教育に関し何か意味のあるかもしれぬことがらを書けばよいのであるが、つい最近、ごく親しい一人の男性がすべての書簡類を廃棄処理するに際し、子の為に残したいとＰＣに転写したものを目にした。私には何かしらの興味（歴史的時代的興味）を持たれる方もおられるのではと思われたので、本人の承諾を得て以下にそのまま載せることにした。載せて差し障りのあるかもしれぬ名はイニシャルに変更した。

２０１４年11月25日

今から「65年昔」の手紙ということもあり、あるいは本人達の思い込み、あるいはいわゆる方言の表現であることから、読みづらい箇所があると思われるが、いずれも何らかの必然性があっての表現であると考え、原文のまま載せることにした。読者の方々にはこの点ご了承願いたい。

編者　柴家嘉明

1949年8月17日　熊本　マー子

大分　S様

首長く待ち続けたお便りに接し　嬉しさと懐かしさとが一度にこみ上げてきて只涙して読みました　今迄一字書いては気が乱れ又一字書いては気が乱れて　今日になってしまいました　9日以来悩み続けた事をあなたに云っていいものか　打明けるものかと……もう今日は17日　実は去る9日の日　悲しい目に遭いました　偽った便りも書けず　只日を伸ばして来ました　でも9月まで隠し通す事が何か大きな罪を秘めている様な気がしてたまらなくなりそうになりました　凡てお許し下さいませ　つまらない事とも思うけど　その瞬間は狼狽えて机に伏して泣いたんですもの　7月9日初めてあなたのお心を聞かされ真青になった私は一ヶ月後の9日　それはそれは悲しい目に遭いました

丁度その日、祖母は清松に泊りがけに出かけていました　高道の講習から帰った夜で疲れていました　一寸下へ降りてみるとM小母さんのご訪問！　はっと胸に来るものがありましたので2階で静かに窺って居りました　母を一寸呼んで「私の事だったら未だ止めて下さい」「あなたは何時も未だ未だと云って人に笑われるばな」「一生のお願いです　断って下さい」「25にもなって……とてもいい縁、余りよ過ぎる位だから是非」「25にもなった私ですもの　少しは考えておればこそお願いするんじゃないの……涙」「そんなら、はっきりしないけれど　そう云うとこだい」

それから母が断りかかりました　でも父の剣幕　肥っているのが何だ　マー子は丁度よい位になる　とか　学歴、条件がよ過ぎてもマー子は負けないでやって行くだろう……とM小母さんは「何でも詳しく話してあるから大丈夫、明日来るから（夜）マー子さんにも云っといて」ここまで聞いて只青くなって泣きました　安子の居るのも忘れて「お姉さん、こんな立派なご縁なのに、どうしてそんなに気に乗らないの？　余り家思いだから気の毒です」と　また考え直してみました　只の見合い　向こうが貰いに来たのでもないからそんなに泣かないでもいいんじゃないか……と　然しもう駄目でした　会うのさえ嫌になり、あなたのあの顔が恐ろしく見えたり、やさしく見えたりして　只涙だけが……

小母さんの帰る足音がしました　急いで父宛に最後の手紙を書きました　あなたにあんなに口止めされていた事をそれとなく明かしました

いま階下から話し声が聞こえて来ます　マー子は御父様母様のお心の有難さ、又M小母さんの思いやり、凡てが私には嬉しくて只泣いています　そして今私に恐ろしいあるものが近づいて来ているのを知って只震えて居ます　お母様には一寸申しましたけど、あやふやで御免下さいませ　私が何故こんなに申しますか　もうお父さんには大体お分かりでしょうと思います　今マー子は口止めされて居た事を此処に明かすことが如何に大きな罪であるか良く分っています　然しまたご両親のお情けを裏切ることの如何に大きな罪であるかもよくわかっています　今はかりで測られるものなら天秤にかけたい位です　その約束の人と申すのはお父さんの反対なさるお方では決してないと思います　否お父さんの一番お好きな方かも知れません　その人は来る4月でないと、お父さんに御話されないと思うと申されていました　ここまで云うと、誰かお分かりでしょう　不思議な縁だと私も思いました　又ご本人も申されていました　私は勉強に一心を翻さない強い努力の人のために働く覚悟が出来ました　ここまで来ると二人の仲が、どこまで進んでいるか御心配だと思います　お父さんの意に背くようなマー子ではないということを充分お知りの筈、申すまでもありません　清く最後までゆきたいと思っています　今夜の告白が少しも後悔されません　何故なら真実を記したからです

父も母も黙ってやすみました　私は一睡もしませんでした　翌朝一番に起きていろいろやりました　母が「マー子姉さん、一寸M小母さん方に行って断ってくる」と云って出ていきました　只うれしくて、うれしくて泣きました　父の大きな愛の前で泣きました　今日以後は本当にお父さんの味方でした　父が反対してくれたらマー子はすぐから家出の身、母は「まさかあんたがとりつけたってではなかろうだい　年が年なのにSさんはよかつだろうか」わたしは何も云わずに只「後でSさんが仰るでしょう」……涙

それから又その後の事で悩みました　とうとう見合いに来たから　私は小浜の伯父の家に行って会いませんでした　伯父は「マー子、今夜は帰んなはんな、泊まってもよかばい」と云ってくれました　清松の叔父も組合で小浜の伯父と二人、マー子に任せたがいい、と云われたそうです　良縁だったと惜しむ付近の人の声に騙されず、真実を求めてくれる伯父、叔父にも、何と感謝していいか分りません　只単なる一人息子、〇〇大学出に目もくれなかった父、伯父、叔父の心が只うれしいの　マー子はもう大丈夫、あなたよりの手紙が今日来ましたの父が受取って、人に見せずに渡してくれました　でもヒヤリとしました　文を読んで泣きました　やっぱりマー子はあなたのものです　もう立派に一大難関を越えたんですもの　でも時々当たりがひどいこともあるの　でも一人で忍べば忍べるもの、あなたにいちいち、云う必要もありません　只苦しい時はあなたの手紙を読むの　9月にいらっしゃる時は　全然知らん振り、両親も少しも触れず　知らぬ顔をしてくれるでしょう　あなたには知らせまいかと思ったが、余り意地悪と思ったから　今まで通り明るく話などやってね　きっと喜んでくれるでしょう

この豪雨ではお仕事もお休みかしら？　こちらは雨、風がひどくてお盆の墓参りにもいけません　止んだら母に報告のお祈りをするでしょう　後20日余り、おばあちゃんがよろしくとのことです

1949年8月31日　熊本　マー子

大分　S様

今しがた　すごい夕立が過ぎました

31日（本日）学校日でした　郵便屋さんから直接26日出しのお便り受け取りました　待ちに待ったご返事　それこそ9日からお聞きしたかった言葉でした　むさぼるようにひったくって読みました　今マー子の本当の事が凡て解って頂いて　とても嬉しく泣けてきました　はじめに　23日のを読んで　惜しくて口悔しくて「つまらないお心を」と嘆きました　けど……今とっても嬉しいんです

今年の休み程いろいろ考えたことはありませんでした　難関も無事越え　いよいよ明日から2学期です　学校に出てみれば　反省録、予定表等　忙しくなって来ます　でも私の本当の喜びの前の聖業ですもの　しっかりやって悔いなきよう生徒さんのお世話をする積もりです　晴れの卒業式を控えた生徒さんもしっかりやってくれるでしょう

今あなたは御心配になっていられるんですネ？　「誘惑した」とか「幸福を奪った」とか余りのお言葉にもう　怒りますよ　泣きそうになって全く「その逆」だともう一度おっしゃって……

父母の気兼ね位あなたに気にならなくても一人で充分ですもの　母としても家を嫌がってい

はしないのだろうか？　余りの苦しさにSさんにお縋りしたのではなかろうか？　東京や大分等遠くの地を選んだのではなかろうか？　と思われたくないの　何故ならばこの年齢まで　家のため、家のためと思ってきた事が何にもならないからなの……

せめて妹、弟、祖母達がお世話になるから　少しでもと思ってきた心が　義理の母に解って頂きたいのです　前よりも余計に私は家のために働かねばならないこともちゃんと知っています　又学校でも今以上に働かねばならぬ事を今日よく意識しました　父も優しく黙ってくれています　今のマー子は皆の理解ある態度に感謝すると共に幸福だと思っているの　気苦労など思いなすったら　こちらが大きな意味で悲しくなりますの

安子は寮に入る様になりました　とても理解があり過ぎる位お姉さん思いらしいの　もう長くない事だと思っているんでしょう　仲良しです

1949年9月19日　熊本　S生

熊本　マー子様

安子さんより呼出しがあり寄宿舎の応接室で面会しました　「姉の見合いと家出の概略　父母の感触から考えて　姉との婚約を早く進めた方がいい」との事でした　丁度夕暮れ時にお邪魔したのですが、話に夢中になって電灯をつけるのも忘れていましたら舎監の怖い先生に「こ

ういうところは　はっきりして」とかなんとか　云われて電灯を点けられました　安子さんには大変ご迷惑を掛けしました　貴女からも謝って下さい
外では雨が降って居ます　こんな晩マー子さんは何をして居られるだろうかとしみじみ思って居ます　あの日お父様とお母様を前に述べた私の決意　快く受け入れてくれたお父様　そしてその翌夜　清松の叔父様とその家内ご一同での御歓待　何もかもが夢の様に思い起こされるのです
あれから4日　思えば私は大学入試の合否も分らぬ高校3年生　可愛い娘を嫁にやるには余りにも未成熟……精神的にも経済的にも何の確証もない中で　皆さんが賛同されたのは只一つ貴女への信頼だったのだと今やっと気付きました
安子さんより便りがありました　姉妹3人で私達の前途を喜んでいるとの事でした　そしてその事が私にはとても嬉しいんです
さる7月9日　貴女は父が申すには「娘達の誰かを嫁にして下さる様望んでいる」ようだとの事に私は「結婚するなら貴女以外は考えられない」と述べました　貴女はショックを受けたらしく俯いて「私は結婚しない積もりです　実母の居ない可愛そうな妹たちの面倒を見たい」私は妹さんたちの面倒をみる事は崇高な事だがそんな重荷を背負わされた妹さん達も可哀想だし　第一貴女は貴女の幸せを追求すべきだと論争になりましたね　私も6歳の時に母をなくし兄と弟3人で　祖母と8歳上の姉の世話になりましたから　何か身につまされた感じもありま

したが……
4月大学入試に合格した時点で　お父様へ貴女を戴きたい旨お願いする事を貴女に話しておりましたが　貴女の「見合い事件」で急転直下解決してしまいました　よかったと云うべきでしょう
後は人事を尽くすだけです「入試に失敗しても　大工をしてでもマー子さんを幸せにします」と啖呵をきったんですから　勇ましいものですね！　ハッハッハッ
きょうはこれにて　さようなら　お元気で

1949年11月23日　熊本　マー子

熊本　S様
今頃痛んで眠れないんでしょう？
机に凭れて恐ろしかった今日の追憶に……
あなたに「今ほっと致しました」と書いたあの心境はお分かり頂けたでしょうか？　私本当に泣き出したい位の事を考えました　そして病院まで……あなたの顔を見る迄は必死だったの
院長さんの奥さんも同情して優しく話して下さいました
でも　嬉しかった　助かった　救われた　と云いたいところです　私の連想が凡て嘘になっ

てしまったからです　神様が救って下さったのよ　もしも骨に障っていたり　またアキレス腱をやられたり　動脈を切ったりしたらどうだったでしょう　足の捻挫らしいとのことで一安心です　でも随分腫れていましたね　痛むんでしょう?

神様にお縋りする二人の前途をいろいろ考えてみました　あなたは1ヶ月は歩けないでしょう　考査前の貴重な時間を床の中で……たまらなく淋しくなって来ます　でも考査にはお出でにならねば大変でしょう　それまで床の中でご勉強なさって下さい……いや勉強どころじゃない　今うなされて居られるのになんと残酷なマー子でしょう　血も涙もない女だろうか?

S様　今日は本当に悪日でしたね　私遅く行った事等も考えだされてきます　10時半着なんて……でもあなたの態度は実に御立派でした　涙して試合を見ました　そしてその試合中胸の中が大きく鼓動し只あなたの瞳ばかり見ました　2〜3人がゴール下でジャンプしたまま揉み合い縺れ合って着地したあの緊張の一瞬を見つめた時あなたの凡てが分ったのです　あなたらしい試合をなさったのです　そして最後まで乱れず大学チームの優勝を期待される御態度どんなにマー子にとって嬉しい事であったでしょう　今度からきっと何処までも応援に行けるのかと思うとたまらなくなるんです　そして最後まであなたを応援するでしょう　此処まで思ったときあなたの顔の横に　わか白髪の君の印象的なところがはっきり浮かんで来ます　あなたの為に必死であった松元さんでした　「互いに女房役をつとめ合っているんですよ」と鹿児島弁で吸殻入れを始末しておられたお方　可愛がって下さい　そしてあの人の前途にもお祈りを致

さねば済まないと思います　又そうせずには居られません　帰りに体育館に行ったとき「果物でも差上げて下さい」と言って差出したとき　あの人の言葉が忘れられません　「彼がこれを喜ぶかどうかは僕には分らないけどまあ頂いて置きます」　きっと喜んでくださる事を信じてお頼みしましたの

明日はもっと腫れて痛いのだそうですよ　太陽燈に当てた方がいいネ　誰か連れて行って下されば……と思って居ます　お払いは済ませました　特別のお心尽しで今日のは２９０円でした　まだ７００円位預けて置きましたので御心配なく　あら　また３〜４人のお顔が……皆いい方ばかりですのネ　私は学生さんの心情が好きで　いや尊くてたまらないの　この社会には見られない豊かな心の触れ合いに接した時　何か高いもの尊いものに吸われていくことをどうする事も出来ませんでした　お別れの時がもの足りなかったけど　あなたの瞳が話をしてくれました　無事間に合い　親切な方もあって駅から車に乗せて頂きました　早く帰れました　家の者にみんな話しました　母も祖母もびっくり……「あまりひどくないよ」と云っておきました　それは予防線よ　その後に「運動も度を越すと心配ネ」とおっしゃる心地して……敏感なマー子ですもの　明後日か又はその次の（金、土）にはきっとお見舞いに私行きます　それまで凡て松元さんにお願いして置きます　服薬は夜一服飲む事でした　ひげの女房さんもご存知でしょうけど……

では急ぎ過ぎて乱筆になりました　どうぞ松元さんにもよろしくお伝え下さいませ

おやすみなさいませ

1949年12月21日　熊本　S生

熊本　マー子様

学期末考査12日〜17日無事終了しました　松葉杖を突きながら　何時も元気なのにと皆に笑われながら……階段の上り下りもうまくなりました

同室の松元君も大分の前田君も明日故郷へ出発します　私は唯一人歩けぬ足を見詰めて溜息をついています　家に手紙を出したら心配して迎えに来ると云って来ましたが　父に来て貰うのは気の毒だしと思っていたら　幸運にも大久保君が大分へ28日帰ると云うので　一緒に帰る事にしました

父に貴女を貴女に父を紹介する事も一寸考えて見たけど　やはり折をみた方がいい様に思います　医者は25日迄には歩ける様になるだろうなんて云って居ましたが……もうこうなったら時の経つのを待つばかりです

学期末で大変お忙しいと存じますが　お体に気をつけてお暮らし下さい

今日は之にて　さようなら　いいお正月を！

1950年4月3日　大分　S生

熊本　マー子様

胸とどろかせながら家路を辿る私の肩のリュックの重みもさして感ぜず　手のボストンも重くもなく戸を叩く　電報は着いていなかった　そして翌日夜「イカンナリ○○ダイ」の電文に接しました　アルバイトの学生に依頼して置いた電報です　ガッカリしました　一度に肩に重荷を背負ったような感じ　凡てから突き放された様な感じです

マー子さん　嘘みたいな話……いやご想像はつくかも知れませんが……わたしの家の家計をお話しましょうか？　いや止めましょう　何の役にも立たぬことです　でもね私は私が落ちた事を貴女の所為だと思ってもいませんし　思いたくも無いんです　更に母や兄達にそう思われたく無かったんです　父に今貴女の事を話そうものなら「女なんかに夢中になるから　こんな事になるんだ」と云われそうで　却って貴女の立場が誤解されます　だから当分このままの状態にして置いて欲しいんです　今直ぐなんて聞き分けの無い事はおっしゃらない事と存じます　私が帰宅してから父には未だ会っていません　以前は随分元気だったのですが　今は別府に毎晩泊まって居ます　それは身体が疲れるからです　いや何もかも云ってしまいましょう

1月以来父は仕事も無く（若い者なら何処へでも行って稼ぐ事は出来ますが　年を取っているとあんな仕事は随分なハンディがあるんです）家にぶらぶらして鉱山の事等をやっていまし

たが殆ど収入が無く　家は餓死線上をさ迷いながら　電灯代、炭代、所得税等の督促に悩まされ遂に父の商売道具の一つである自転車が差押えられて競売にふされる事になりました　その日の午前中に私の「2千円送れ」の速達が届いたのです　前にも云ったかも知れませんが　母は別府に着物を売りに行きました　が余りにも安価でガッカリして帰りました　少しばかり金を貸してある親戚に寄りましたが之も駄目でした　本当に母は私の為に必死でした　今でも感謝しています　考えて見ると私は随分可愛がられているんです　母を疎かにしてはいけないと思っています　また兄は電話料も無いのに病躯を押して隣の酒屋に卵を持って行って7円で買って貰い　それで市場に電話を架けたんです　ところが市場の小母さんは二つ返事で承諾して私の家に自転車で持ってきてくれました　兄は私達の事を良く知っている関係上　あそこから金を借りる事を随分考えたらしいんですが　背に腹は代えられず　とうとうお縋りしたと申していました　よく貸してくれたと思います　本当に感謝しています

考えて見ますと私も随分な事をしたと反省します　それは……1月以来父が初めて持って帰った4千円余を全部掻っ攫って上京したんですものね　そして後は随分と苦労したらしいんです　兄は病身ではあるし1ケ月位毎日死のうかどうしようかと考えていたと涙ながらに申しました　病人だからと云う面はあるかも知れませんがやはり切実なものがあります　私は東京で空腹を感じた事も無いし本当に済まないと思います　それにしてもそれが分っていながら黙って私のために差出すなんて……いまこそ心から反省して　家の愛情の中に溶け込んで新し

い生活をしなければならないと思います
学業を放棄して仕舞うかも知れません　私は自分一個の事ばかり考え過ぎていたように思います　翻って兄を考えて見ますと病気で長いあいだ寝ていながら自分の学んだ事等凡て忘れて、諦めているんです　元気だと云うだけで私は充分幸福な筈です　私は兄の病を癒すべく全力を奮わなければと思います　嬉しいことには兄は私が行く時より随分と身体の調子も良いし　起きて談笑する時間も多くなった事です　この調子ですと来年の今頃は相当良くなっている可能性も大きくなって来ました　やがて良くなる事とは思っておりましたが　案外早くその時が来るかも知れません　そしたら私の進む道にも光明が……
父はやがて65歳に達します　私は大学を出たら安心させようと考えていますが　大学を出ても私に何ができましょう　貴女と二人で働く間はいいとしても　子供が出来三人ともなれば一家を支えるのにやっとでしょう　そして父に苦労を掛け通しで　父死した後私が出世したとしても子としてそれが何でしょう　父は後10年位しか生きていないかも知れません　私が幾度もぶつかったこの問題がこの金詰まりの時期に大きな課題として私の目の前に現れました　私は挫けたのでしょうか　私は誤っているでしょうか
兄は「お前の世話になろうとは思わぬ　何をしてもいい　親子三人生きていけさえすれば俺は幸福だと思う　そしてお前は伸び伸びとお前の生活をやって行け」と申します　九大理学部の試験も受けるなら受けてもいい　唯金は誰からか君が借りてゆけと云いました　私はこの窮

境にあって　どうして自分一人のうのうと大学に行けるでしょう　私は諦めきれぬ大学を美しい夢として　私の胸中に止め　少なくとも私の見果てぬ夢を私達の子供には見さしてやりたいと　涙ながらに固く決意したのも昨日の事でした
マー子さん　これから先の事はもう少し落着いてからご相談したいと思います　今は本当になにも考えられない状況にあります　御免なさいね　力が足りなくて　ご心配ばかりおかけして……

1950年4月7日　大分　S生

熊本　マー子様
先日電報にてお知らせした様に学生アルバイトの電報は誤りにて本日、大学教務部より下記の入学許可書が届いたので取り急ぎご連絡します　詳細は別途お便りします
昭和二十五年四月四日
〇〇大学教務部
〇〇　S殿
貴殿は四月一日から本学に入学許可（第四類）されたから左記により四月十一日㈫迄に入学に関する手続きを完了せられたい

無断でこの手続きを怠ったものは入学の許可を取り消す

記

次の書類と入学料金四百円を提出すること

1　誓書……別紙用紙へ必要事項を記入のこと

保証人は成人の男子で本学所在地又はその付近に居住して独立の生計を営むもので学生の身分に関して一切引き受けるに足る関係と資力を持つ者に限る

2　住所カード……別紙用紙へ記入のこと

3　戸籍謄本……生存者全部を記載した代用謄本でも差支えない

4　写真三枚　最近撮影した縦横三糎のものに裏面へ氏名記入したもの

5　卒業見込みで出願した者は卒業証明書並びに成績証明書各一通を提出すること

なお

1　四月十七日午前十時から講堂で入学式を挙行するから出席すること

2　別紙調査書を入学手続きの際教務課に提出すること

1950年4月12日　熊本　マー子

東京　品川　S様

うれしい嬉しいお手紙　前田女先生がにこにこして持って来て下さいました　電報で驚き喜んだままやっぱりお言葉が欲しかったんです　お優しい喜び顔がぐるぐる廻って……　大きな夢が叶えられた喜び　今までの涙なしでは思い出す事の出来ない数々の御苦労　この喜びの日の訪れた事は不思議　いや決して不思議ではありませんもの　来るべき当然の日　当然の喜びであったのです　今になって青ざめて心配したり落胆したりした日々がむしろ不思議に思えて来ます　あなたは偉いお方です　どんな時にでも自己を誇らず　常に敬虔な御態度のあなたが尊く又そして慕わしくてたまりません

御両親さま　御兄上さまのお喜びもさぞやとお察し申しあげます　いよいよ前途が開けました　今まで行詰まりを感じて居たのに　嬉しくてたまりません

御病気なさらぬようにして　御上京の準備をなさいます様お願い致します

さようなら

(これは4月27日着の手紙に同封してあった……4月12日書く……と付記されたもの)

1950年4月28日　東京　品川　S生

熊本　マー子様

待ちに待ったお便り受取りました。まさか、お渡しした宛名を無くすなんて、思いもしなかったものですから……少し部屋代や食費のことを書きます。

　こちらの住宅難は、相当なもので、私は、従兄弟の隆二さんに頼んで、同室にして貰って部屋代400円の半分の200円ですが、友人の前田君は1200円で、その友人は敷金1200円で、部屋代1500円とのことです。（6畳）

　家主の岩井さんは、自炊を嫌いますので、2人とも外食です。朝、味噌汁と130gのご飯13円、お昼チクワの煮たのかタケノコで16円、で済まし、夜はウドン20円と魚か何か取って30円、計約80円が食費で飛び出てしまいます。最も切り詰めてこれだけは最小限必要なんです。自炊すれば、もう少し栄養価の高いものが摂れて安いかも知れませんが……

　今のところ、毎日学校に出ています。ぼつぼつアルバイトを探しています。陽一さんのとこにはよく行きます。彼も昔とだいぶ違って張り切っている様ですが、一度に抜けられるものでもないでしょうから、長い目でみてやりましょう。彼のところに行くのに往復40円かかりますので、一寸痛いです。カントク不行届きになりそうで……板ばさみ？　ハッハッハッ……

　バスケット部の人達が来て、しきりに入部を勧めます。私は足のことを言って、部に入るだけは入って9月までは、絶対にやらないことにしました。皆大変残念がっていましたが、でも良い人達で、心配してくれて、大切にするよう心から言ってくれました。

　マー子さん　この部生活が、私の大学生活の精髄？になるような気がします。この頃足の方は随分調子が良くなりました。今度帰ったら、ビックリする程丈夫になってるところをお目にかけましょう。これも大部分は貴女のお陰だったと心から感謝致します。
今日はこれにて　皆さんによろしく　お元気で

1950年5月5日　東京　品川　S生

熊本　マー子様
お葉書有難う。家庭訪問で随分お疲れのご様子、無理なさらないようにね。
実はね、一昨日より授業さぼって、○○株式会社という電気会社に勤務し始めたのです。それもね、月曜、火曜の午後、交通費持ちで、労働なんとかも持って、月手取り2千円ですって。それもね、月曜、火曜の午後、物理と化学の実験なので、これはサボルわけにはいかず、学校に出させて戴く約束なのです。ところがね、その弱みに付け込んで、日曜も祭日もなし、1日と15日とかが休みで、ただみたいに、使う魂胆らしいのです。いやになっちまって、今日で3日目なのだけど、止めちまおうと思っているのです。やさしいと思っていた学科もこの頃、佳境に入ったらしく、友人のノートを見ても、よく分からない所があるのです。畜生と思っても駄目。ハッハッハッ……(友人のノートのとりかたが悪い?)
働こうと思えば勉強の方が、勉強しようと思えば先立つものが、てな具合で、てんや、わんやですわ、全く。でもね6月になれば、育英会の4、5、6月分6千3百円貰えるのです。それまでの辛抱ですよ。あのお店でゲルを勘定してから現在までの総支出は3千8百円です。その中に授業料は入っていません。あと3千2百円あります。主として、食費代、部屋代、交通費、タバコです。あ、それに入学金、及び協同組合費（500円）です。

兎に角5月を3千円でやっていけば、どうやら切り抜けられます。（アルバイトせずに）たった2千円で1ケ月の授業をサボるのかと思うと馬鹿らしくなってね。大工の方はこれという棟梁が見付からず、残念ながら鉾を収めています。

楽をしようと思ったのが、いけなかったのね。多分。もっと積極的に棟梁を探すべきだったのです。明日よりその方に力を注ぎます。大工の方はハライが悪くてね。仕事をしても、どうかナと思うと、一寸渋るのですけど、まあ、広いお江戸だから、一人位は、いい人にぶっつかるでしょう。

この頃、朝飯抜く練習をしていますが、腹が減りますね。ハッハッハッ……闘志だとか何とか偉そうなことを言っても、駄目ですね。まだ学問を捨てきらぬからいけないのでしょうが……折角の授業には出たいしね。（時には）

バスケットは、勧誘がひどくて、一応入部はしましたが、足のことを話して、練習への参加、もう暫く待って貰うことにしてあります。

先日ソ聯からの最後の引揚げ船、信濃丸が舞鶴に入った時の放送をお聞きになりましたか？夫待つ妻が「夫が日の丸の旗に送られて、出て行った時は、この子は、まだ腹の中でした。夫は未だこの子の顔を一度も見ていないのです。そして確かに夫の筆跡で通信がありました。それなのにもうこの船が最後だなんて……」とさめざめと泣くあの声、恐らくその夫も亦異国にあって、愛する妻子を恋慕っているであろうと思うと、ラジオを聞いていて、ボロボロ涙が流れてきました。私には、離れていても直ぐに会えると言う希望が、そして可能性があります。然し彼らにはその希望も可能性も、殆どありません。唯運命の神様の采配のままにあてもなく、待ち暮らしているのです。何といっていいか分かりません。私はそれに較べると、なんという贅沢な悩みなのでしょう。私には貴女が居る。それ以上に何が要るのでしょう。何も要らない。と思う。苦労してまで学問に執着せずに社会に出たい。そして二人で一緒に暮らしたいとも思う。いけないかナ？

今の社会を眺めてごらん。失業者は続出し、殺人、心中の新聞に載らぬ日とてなく、公団の不正事件、税金に悩む人々、一方には夜毎に何万円も費やす豪華な会合を催す人達、学生アルバイトの払底、そして学生アルバイトの堕落化等、まともなものは殆どなく、信じていい物は何一つなく感じます。

私は危険な足場に立っているのでしょうか？　そうでも無いようにも思います。勿論少なからず憂鬱ですけどね。その原因ははっきりとは分からない。いろいろあるでしょうが、こうして、都会の生活に神経が疲れているのかも知れません。

めまぐるしい東京、甘い夢なんて何もない東京、そして金が無ければ、面白くない、否その生活が苦痛でさえある東京、ハッハッハッ……センチメンタルの虜になっちゃったよ。ご免、ご免。

生活の事を考えると、いいアルバイトが見付かったら、夏休みはこちらに居る方が有利ですね。でもね、感情は理性でも理想でも絶対に抑えることが出来ないのですね。こうしたいという希望と、こうすべきだという客観状勢が、余りに乖離しているのだろうと思います。

私達の居る部屋一目御目にかけたく。南の方に障子の付いた丸窓があって、その横に外部に出る片開きのドアーがあります。北側は半畳の押入れ（この中に、上、2人分の布団、下、行李等、雑物）その右側が床の間、掛け軸、活花（池の坊？）家主さんの家の廊下への出口、（片開きの襖）西側はガラス窓に障子。東側に座り机、その上にラジオ、そして桃色の傘を持ったギリシャの女神の銅像の電気スタンド……すべて従兄弟、隆二さんの持ち物。こちらが潜り込んだ感じです。家主さんは、借家を10軒くらい持っていて中央に細い道路があり両側にぎっしりと木造平屋建ての長屋。丁度私達の部屋（この家の南西の角）、の南西部に共同井戸（手押しポンプ）とコンクリートの床の流し（映画に出てくる共同井戸並み）があって、奥さん達が、よく井戸端会議をやっている。

皆さんによろしくお伝え下さい　さようなら。お元気でね

1950年5月15日　東京　品川　S生

熊本　マー子様

連日のお葉書有難う存じます。毎日帰って貴女より話しかけられているみたいな気持ちです。とても帰りが楽しいんです。下宿のおばあちゃん（玄関を入って、すぐ隣室の部屋の右側に一段高い畳敷きがあって、其処に、いつも、チョコンと、可愛く座っていらっしゃる白髪のおばあちゃん）、とてもいい人で、私の机の上にちゃんと運んでくれています。余り心配しなくていいのですよ、金のことは。私をあまり甘やかさないで下さい。何とかやって行きますから。先日は大工に３日行って一金８００円也を頂きました。その代わり授業を2日さぼりましたけどね。仕事がありさえすれば、何とかなるんです。

今午前2時45分です。今日始めてこんなに勉強しました。いつも11時か12時頃寝るのです。そして7時40分に起床して8時に学校へ行きます。8時半から授業です。そして5時までぎっしりです。ただ水曜日が3時まで、土曜日は正午までです。こちらに来て、大きな本棚を二つ作りました。一つは従兄弟ので、一つはZさんのものです。Zさんもこの前来て、いろいろ話をして、帰りました。友達っていいものですね。こちらの住宅難に彼も些か参っているらしいのです。それで千葉から通っているのですが、1時間半も学校へ行くのにかかるらしいんです。そして1ケ月定期代３８０円、私は75円です。広い東京だ、何処かに良いところがあるだろうなんて呑気なことを言っていたいですね。
今日はこれにて　さようなら　お元気でね

1950年5月29日　東京　品川　S生

熊本　マー子様
余り便りが、来ないので、むくれて居られるでしょうか？　ご免ね。一昨日、陽一さんが訪ねて来てくれました。幸いにも、砂糖の配給のあった翌日なので、彼が来るとも知らずに拵えたゼンザイがあったので、食べていただきました。

お便りとシャツにズボン有難うございました。それらを身につけ、狭い部屋の中をぐるぐると廻りました。　可笑しなヤツ。

実は、この24日より28日まで、５日間大工仕事に行きました。そして1金２千円也を戴きました。ちょっと嬉しかったですよ。これで育英会の金が来るまで、あと15日間過ごせます。ご安心あれ。

その前に組立式本棚3個作って2個は大学福利厚生部に頼んで２８０円で売り、儲けは２００円の2倍、４００円、目下2個製作中。随分安価なのですが、購買力が落ちているので、思い切って作れないのですよ。でも之が売れれば計８００円得ることが出来ます。然し、道具に500円、白靴に260円計760円費やしました。そして白ズボン安くていいのがありましたので650円で買いました。大工仕事に行く時は普通の日の2倍位（外食だから130円位）食べますから、本当の差引きはもっと小さくなってきます。

マー子さん、大丈夫、東京で暮らす自信がつきましたよ。後は家を探すことと、出発の時の準備金ですね……。今日は苦心談を一つ聞かせましょう

第一に貴女よりの便り受取った日はもう仕事に行った後で、1日中穴掘りで、右手に五つの血豆を拵えました。之は久しく荒仕事をしなかった所為だと思います。朝8時半から夕方7時迄、金槌振り続けでした。午後6時頃になると、腹は空くし金槌握る手は痛くて飛び上がる程だし、帰って床の中で悔し涙にくれました。次の日も一日中穴掘り、右手からは血が滲み出ました。然し今我慢しなければ駄目だと、本当に泣くような思いで必死にやりました。金槌握る手が汗ばむと、汗が傷に滲みこんで、物凄いんです。しかしやり遂げました。左手は小指のところに豆が出来ただけでした。

3日目、貴女より小包が届きました。礼状をすぐ出そうと思っても、手が痛くてペンが握れないんです。赤チンで真っ赤になった手をジッと見詰めて貴女のことを思いました。勝ち抜かねばならぬ。人生の戦いを！

4日目やっと家を建てることに漕ぎつけホッとしました。でもまだ手は痛みます。鉋がけに追われました。夕方から一杯どうぞ、とのことで、その家のご主人の仮住居に行ってみました。

酒を6～7合飲んでフラフラと帰りました。夜中2時頃目が覚めて水を飲みに行きましたが、滑石での枕元に置かれたお盆の上の水とコップを思い出し、暫く眠れませんでした。翌日は屋根の垂木の鉋がけ、一寸早めに帰りました。貴女のお便りにこれから返答します。何処を笑ったか？ それはね、7時40分に起きて、8時に出発すると言う、慌ただしいところなんでしょう？ 違うかも知れませんが、正解をお願いします。

「青い山脈」良かったでしょう。何時までも、あの映画の主人公のように、若さを失わないようにしましょうね。

陽一さんは忙しいらしいです。手紙を出すように、言って置きます。7月15日になったら、学校が休みになります。後50日位です。それまでウンと働いてウンと勉強して、敢闘します。皆様によろしくお伝え下さい。

贈物有難うございました。あのズボンとても気に入りました。シャツは欲しいと思っていた、そのものでした。不思議なものですね。

あ、それから角帽、手に入れました。休みになる前に、金と暇があったら、写真に写ってお送りします。貴女の近影があったら1枚お願いします（一寸厚かましいかナ）。

暇の時、前田君にダンス習っています。少し上達したら、帰って、貴女と一緒に踊りましょうね。

1950年6月1日　東京　品川　S生

熊本　マー子様

今学期が終るのは、7月15日それから旅費を稼ぐとして、7月の末でなくては、帰れそうにありません。試験は10月らしいんです。だから休中そんなに気にかけなくていいんです。ゆっくり遊びましょう。（気分的に）働くだけは働きますからね。

帰ったらぐったりでとても勉強なんか出来ませんので困ります。今日は火曜日で実験に出ています。明日よりまた働きます。実験の時は必ず出席です、単位を取るためです。学科は、宿題があるので、困りますが、高良君（電車で2駅、前田君と同居）に頼んで持って行って貰う積もりです。明日からそんなにきつくないと思いますので、この計画もうまくいきそうです。

11時半になりました。とてもいい月が出ています。

5月の収支

支出の部

食費……………………２７６８円（仕事に行ったので少し多め）

文具、通信費…………１８９円（葉書、切手等）

道具代（大工）………４３０円（ノミ３００円、ニス、トノコ）

娯楽費…………………１００円（スポーツセンター、バスケ見学）

煙草……………………621円（バット大部分、しんせい4回）
被服費…………………1303円（白ズボン、ボウシ、白靴）
交通費…………………203円（電車賃のみ）
部屋代…………………243円（部屋代と電気代）
美容費…………………141円（風呂、石鹸、散髪）
合計……………………5998円
収入の部
大工（塀作り3日）……800円
家より…………………1500円
本立て売却……………256円
大工（家建て手伝い）…2000円
棟上祝儀………………100円
合計……………………4656円
差引……………………マイナス1342円
育英会を貰えば、2100円で657円の黒字になります。育英会は6月20日頃貰う予定です。現在貴女から2000円戴いたのが大変助かっていて、1881円あります。少し蓄えて汽車賃の足しにして、早く帰れたらと思います。あと45日です。今日銭湯で体重を測ったら

58kgでした。試験を受けに来た時、61・5kgでしたので、一寸減りました。明日から、卵など食べて、少しずつ肥えます。食欲は猛烈にありますから、今食えば太ると思います。つまらぬ事を書きましたね。お休みなさい。（5月31日）

午前8時半から午後7時半まで、11時間ぶっ続けに、飽がけで終りました。夕食を済まして帰ってきたら9時でした。そして11時まで友達のノートを写しました。今11時半です。

人吉旅行は如何でしたか？　楽しかったですか？　お疲れになったことでしょう。今度帰ったら人吉にでも行きましょうかね。立派な贈りものに、お礼状が遅くなり申し訳ありません。あのような訳ですので、お許し下さい。……お休みなさい。（1日）

1950年6月9日　東京　品川　S生

熊本　マー子様

田植えの準備などで毎日お忙しい事でございましょう。私もノートの整理や、次のアルバイトに備えて、道具の整備やらに忙しい日々を送っています。

私の周囲を見渡すと、学生達の貧困ぶりに驚かされます。血を売って学業を続ける者、授業に殆ど出ずに、アルバイトばかりして、何のために学校に入ったか分からぬと涙ながらに私達に悲境を訴える者等います。私も、20日ばかり授業をさぼっています。現在、失業者の群がデモを行い、職探しをしている余波が、いや直接の波が私達の所へ届いているのかも知れません。学生達は、学業をしっかりと片手で摑み、もう一方の手で、辛い浮世と戦っていかねばなりません。それだけ、非常な覚悟と努力が要求されます。私は特技を持っているお蔭で幾分いいようなものの、賃金1000円貰えず、困っています。こんな事言ってもしょうがないんですが……世の中って世知辛いですね。でも負けません。頑張ります。

7月17日から9月4日迄、学校は休みですが、私は、7月12日から8月10日位まで、仕事があればこちらで働こうと思っています。無ければ、帰ります。その間に社会情勢が思わしくなければ、汽車賃握って借金しても、飛んでかえります。そしてそちらに立寄り、2～3日滞在して大分の家に帰ります。とも思いますが、やはり貴女の言われるように、一旦家に帰り、父と一緒にそちらを訪れようか、とも思ったりします。が然し、そうなると、父のみを大分に帰して、私がそちらに留まるのが何か不自然のような気もしますが、この点如何お考えでしょうか？　いずれにしても父の都合もあるでしょうし、もう少し検討しましょう。……あ、1000円貰えるようになりました。育英会も入るしご心配お掛けしました。ご安心ください。

今日はこれにて、お元気でお過ごし下さい。

1950年6月22日　熊本　マー子

東京　品川　S様

父の会社の友人と呼ばれているお方が二人泊まり客としてお座敷にお休みになっていられます　夕方からのお客で取り込みました　とてもやさしいお方達で　私たちを相手にして話して下さいました　清松の叔父も小浜の伯父も……誰でも帰られた後　扇で蚊を追いやりながら　私を指した父が「これが我が家の白鼠です　どうぞ可愛がって下さい」と云われましたの　少々面白いね……と思いつつ座りましたら　その方が　父の子供思いについて　説いて下さったの

白鼠と云うのは　家の宝という意味を表す言葉らしいの　生花をしたり　靴を磨いたりする私を優しい眼で見て下さっているんだわと　思うと　たまらなく　嬉しくてなりませんでした　その方の返答は「お嬢さん　お父さんから　話は聞いています　しっかり　可愛そうなお父さんを助けてあげて」と……私の返答は「私は家の為になんかなっていない気がしますけど　父の言葉を聞いて只有難い気持ちですの　居れば邪魔なこともありましょうけど　また居ないと　父は淋しいんでしょう」と。皆大笑いでした

夏のことばかり云っています「8月に入ったらお帰りよ」と申しましたら「今田は明日くらい帰るて　えらく長いな……」と申していました「7月末は帰るだろう」とひとり言でし

た　今1時10分　きれいに整頓された勉強部屋で　もう1時間位話しましたの　明日の仕事は田植え準備の大豆引きなんです　来週頃から始まるでしょう　早苗も伸びて来ましたよ　あなたのレターが小高い山をなす位溜まりました　誰にも見せないように　大切に仕舞ってあります　一也さんも帰られたそうです　お会いしたいです　今日も郵便箱には何もありませんでした　もう1カ月ですもの　お元気でお帰り下さいね

1950年7月3日　東京　品川　S生

熊本　白鼠様

お便り有難う存じました。お父様が貴女の事を会社のお客様に「これが家の白鼠です」と云われたとか　お父様のお気持ちが分かるような気がします。やはり本当は手放したくないんですよね……随分長くお便りせずに済みませんでした。それを恨みもせず　遠慮深く我儘になったと云われる貴女を尊敬します。

同居の隆二さんは明後日故郷へ帰ります。彼はあちら、こちら、挨拶回りをしています。私達は7月17日より休暇に入ります。今一人ポツンと部屋の中にいます。これからどうするか？大分へ帰るか、熊本へ帰るか？　父のやっている鉱山《ヤマ》のことが、よく分からない。便りを待ってるが要領を得ない。

先月の出納簿は　誰にも知らせません。只支出の総額と食費は、お知らせします。

４７２７円15銭と２７６８円です。

体重は　59・５kgです。少し増えました。皆夏痩せしてるのに、私だけ肥えて……前田君は55kgまで下がったと云っていました。皆、育英会が来ないので、食生活を縮めているらしいんです。私は働いて食うだけは食っています。食いしん坊は仕方ないですね。

先日来、出身別高校野球（軟式）大会が催されて居りますが、１回戦対松山高戦では５回まで０－０の接戦、５回裏当高の攻撃中、バスケットの練習が終って到着した私が、ユニホーム姿のまま、打席に立つや否や、味方陣に割れんばかりの声援……そして２球目センターオーバーをかっ飛ばし３塁打となり、四球で一塁に出ていた前田君が滑りこみ、先ず1点、次打者のセカンドゴロの間に私がホームインして２点を挙げたのが大きく、結局５－４で勝利を収めました。２回戦　対一高戦は　センターを承り、難しいフライ３球をキャッチし敵をアッと云わせて５－１で勝ち、３回戦、準々決勝、対都立高戦では12－８で敗れました。私が３点ホームランを打ちましたが及びませんでした。

かくして、私の多彩な大学生活も四カ月目を迎え、腕も顔も真黒、一寸東京では珍しいのか、電車のなかでチラチラ見る人がいます。しかしおそれをなして　近寄りません。人相も悪いのだと思いますが、何しろ色の威力ですよね。まさに。

７月15日頃から弁護士の家に仕事に行きます。またお便りします。……黒鼠より……

1950年7月6日　東京　品川　S生

熊本　マー子様

同居の従兄弟も既に昨日故郷へ旅立った
一人ただ一人、夜中の月は益々冴えていく
訪れる人も無い。語るべき友も来たらず
待ちわびし人よりの便りも来ず
黙し、ただひたすらにひもとくの時
浮かぶはマー子さんの微笑み
老いし父、病養う兄如何にと
想いは故郷にも馳せて
愛する人々の健康を祈りて止まず。

1950年7月9日　東京　品川　S生

熊本　マー子様

お便り有難うございました。こちらこそ大変ご無沙汰して申し訳ありません。葉書2枚ともきついお怒りのご様子、反省しています　本当に済まないと思っています。あんな言葉を平気で書くなんて、第一この頃どうかしている証拠です。

貴女も毎日お忙しかった事でしょう。私も弁解じみて、言い難いのですが、忙しくて、疲れてしまい、たまに書く便りがあんな風なんですから、実際自分自身で嫌になってしまいます。家の様子とこちらの都合で、何時頃東京を離れるか未だ不明です。

関東大学バスケットボール選手権大会に出場して大いに暴れました。まだ高校の時のような調子は出て居りませんが、それでも活躍しました。昨日、1回戦茨城大学を76－56で破り、応援に来ていた陽一さんと映画「きけ、わだつみの声」を見て、一緒に有斐学舎に行きました。映画はとても胸に重くのしかかり、平和の有難さをしみじみ感じました。(6月24日)

本日、朝鮮南北の宣戦布告があり、４０００名以上の戦死者が既にあったとのこと、ニュースで聞きました。本当に痛ましいことです。

今日は有斐学舎より直接試合場に臨み、2回戦、法政大学を62－55で破り、準々決勝に駒を進めました。相手は昨年の優勝校、文理大です。前半はいい勝負をしましたが、後半は、皆バテて敗れました。足はもうすっかり治り快調です。9月までバスケットやらぬ積もりが、意志薄弱です、バスケの魅力に負けました。

今日はこれにて、お元気で

1950年7月7日　大分　兄

東京　S君

昨日今日はよい御天気で暑いこと暑いこと鶏もアヒルも口を開けている。

今日、山津の隆二さんが来た。土産（見舞いかな？）に菓子一箱貰った。君と一緒に居て互いに世話になり合うからだろう。1時間ばかり色々話をした。いい「若いし」になっている、明るいね。

父は2～3日前から佐伯の先の方に行った。大工仕事がないので、鉱山をやっている人に雇われて小屋を建てたり　鉱山の会計やマイト係りなどをする約束だそうだ。鉱主は別府の人鉱山は亀川の例のKさんの所有になる物で硫化鉱銅が少しある。鉱山の採鉱の方はK氏がやる筈、父は先に書いたように会計など。うまく行くか行かぬか知らぬけど　どちらにしても日給月給250円の一月7千5百円との事、先日2000円也貰った。先便で書いたマンガン鉱石の荷だし以来　大工の仕事はない。全然ないわけではなかろうが、哲叔父や勉さんも居らぬから　積極的に見つけねば無い訳だ。どちらにしても金が貰えればいいのだから、私は父のする事に反対しない。加勢している。

鉱山と云うと幼時の苦しかった事など思って嫌な感じもするが唯無闇に反対した処でどうにもなるものでもなし。他人に使われて月給を貰う分には異存はない。マンガン鉱石売りの仕事が未だ済んで居ない。鉱石を買った人が未だ金を呉れない。こちらの言う通り約束通り金を呉れれば2万円ほど儲かるのだが儲けるのも難しい。
岸野さんも40万円程の借金で苦しんでいる。姉達も玖珠の方で餓死せんばかりになっている、どうにもならない。私達はマンガン鉱石の荷だしの仕事で、父がよい日当になったので此処1カ月半ばかり楽だった。今から先は判らない
9月にでもなったら、又市場にでも出ろうかと思っている。今度は大いにサボッてやろう目的はマネーだから
他方には医療保護によって入院しようという手もある。民生委員の会議にかけて保護をするかしないかを決めるのだが、その会議が8月でないと開かれないそうな、校長のMさんが大いにすすめて働きかけている。Mさんと云えば熱も下がって少し肥えてきたそうな。学校の方は休職した、でも月給は6〜7割貰える。
鉱山法の法律の本はほかの法律と一緒になって出版されているだろうと思われる。それ自体の本はないかも知れない。発行所など分かっていたら、直接申込んで購入するんだが、これは序で何時でもいい、金も無かろうしね。隆二さんから聞いたし君の手紙にもあったけど育英会の金入らぬとあれば大変だったろう。私は又6月には貰っていると信じていた。便りがあれば少しは送れたかも知れなかったが。金はすぐ無くなるからね。今は金が無い。例の2万円の口うまくいけばいいが。取ってしまわねば此頃はアテに成らぬ。シモのサトシさんところで働い

たのも、まだ１５００円ばかり残っている。別府の別荘の口は未だ貰えない。これはもう駄目だ、主人が東京の方へ逐電したらしい。今日は誠に暑い　うだるようだ。デモネ今日隆二さんから貰った菓子を食ったら旨かった。これも君のお蔭だ　取って置く事も出来ないから２〜３日内に食ってしまうが、今度君が帰ったらケバって買うて食おうや

こちらに仕事があれば直ぐ帰ってくればよいのだが　デモ汽車賃出来たら食うだけなら何とか食べていけると思うよ　食うだけハね

人間食わなければ生きていけないから　何処にいても食うし食えると思う　ジャガイモが10貫ばかり小麦が３斗ばかり出来たから　大きな事言ってるけど　都会では金が無くてハ　食べさせて呉れぬから　東京でも仕事の都合悪ければ、帰るより他に手はあるまい

働いても直ぐ金を呉れればいいが……

以上アラマシ斯の如し

東京に居るもよし　故郷の土を踏むもよし　何処の空でも水平線上すれすれだ

ではお元気で

追伸

父の方に行けば人夫に使って貰えるかも知れぬ　君が嫌でなかったら　父が大将みたいなもんだから気は楽だ　父にも手紙出してみよう　父は下宿代３０００円取られるのだ　君が行って２人で自炊すれば安くつくかも知れない　鉱山の人夫の仕事はあると思うよ　今から雇うの

だから　1日　150〜200円位かと思う　君の処に通知する前に帰っても良い　亀川のKさん　君知らないか？　気の弱い父の友達だから　無視しても良い程だ　人夫の仕事は必ず要る　仕事もある事と思う　父が雇って父が君に金を払うのだから　鉱山の仕事が1カ月でも続けば仕事はある訳　何ヶ月続くか知らぬけど……

1950年8月1日　大分県南海部郡米水津村字小浦　S生

熊本　マー子様

雨いささか降るも、本日遂に佐伯行き決行致しました（父の仕事している鉱山）

唯今宿屋に着いたばかりで、この山村の漁村の詳しい事は分かりませんが、見渡す限り、東は海、西は聳え立つ山、波の音しばしも絶えずして、浮世遠く離れた感がします。

佐伯駅で、汽車を捨て、そぼ降る雨の中を、約15分乗合自動車で、浦代行きバス停まで行き、浦代行きのバスに乗り山一つ越えました。グルグル廻った山道を、バスがやっと通る様なところを、右は千尋の谷、左は切り立った崖、両側には程よき梅の木々、谷底より道にかけて、美しい杉や松の立ち並んだ整然とした風景を臨みながら、なにかしら、島流しに遭ってるような気になりました。この付近は桜の名所の由、車中の人々より承りましたが、げにも、この風景に桜を添えた風光は、まさに佳境とも言うべく、想像に難くありません。

右の方に曲がる時、グーと車を乗り上げて、ハンドルを右に一杯に切ってやっと曲がる時のスリルは、またと味わえない快味でしょう。丁度、映画に出てくる、飛行機がグーンと機体全体を傾ける様な、あの軽業にも近い運転振りです。

浦代という所に着いて、小船に乗って、入江を横切りましたが、実に絶景、貴女と二人でこの小船に乗ったら如何にロマンチックであろうかと、独り思って居りました。

小浦に着くと父が迎えに来てくれていました。やはり懐かしいのでしょうか、皺のよった顔を崩して喜んでくれました。

鉱山《ヤマ》の事務所は、まだですが、選鉱場を建てるのを加勢するのです。宿に着きました。とても綺麗な家で、こんな家がこんな片田舎にあるのかと、驚かされました。6畳2間と廻り廊下を借りているようです。小母さんは、とても感じのいい人で、どこか暗いところのあるような気がしました。それもその筈、未亡人で、その娘も24歳の若さで　これまた未亡人で女の子がいます。

明くれば、7月31日。朝よりの雨も止み、晴れて良かった。鉱山《ヤマ》の人は素朴であり、私の様な人間にはよくマッチします。仕事をしながら、いろんな面白い事を言って笑わせたり、例の毒舌を吐いて呆然とさせたりして、一日中面白うございました。

離れ島のようなこの土地は、隣村に行くのに、バスもない山道を1里程歩かねばならず、郵便局もなく百軒程度の小部落で煙草売ってるのが唯の一軒、便箋、封筒、葉書を売ってるのも一軒です。漁業が5割～6割らしく、お陰で毎日新しい魚を食べられるそうで、期待して居たのですが、今日は、4～5日の時化で魚は無し。でも、ひき肉に野菜の煮付け、酢の物にお吸い物……お陰で下宿料３０００円、も少し粗食でも下宿料安いのが良いと思ったり、金は残さずとも肥えてやれと、思ったりしました。ハッハッハッ……それにしても、この村の風景は私の心を完全に魅了しました。

山より見る港は、不思議に昔懐かしいもので、写真でも撮りたい気持ちになりました。絵でも描こうかと言う気持ちになりました。山また山そして入江、小船、遠くの島々、複雑な湾の光景は、見惚れて、時の経つのを忘れしめ、独りでこの光景を眺めるのが、惜しいような……絵が上手なら……と残念に存じます。

波の音が聞こえます。ひっきりなしに、その他は、何の物音も聞こえません。静かといえば、静か。騒がしいといえば、騒がしい。私は今、精神的な悩みに……具体的に言えば、処世のテクニックと自己を正しく保ちたいという念願とのギャップを感じての悩みに終日心を砕いて居ます。私は「水清ければ魚住まず」という言葉を静かに考えて居ます。私は心が、狭いのかも知れません。「清濁併せ呑む」という太っ腹が無いのかも知れません。云わば理想と現実の衝突を、今体験しているのかも知れません。私はアマノジャクでしょうか？　世渡りは０ですか？

8月1日になりました。父が急いで手紙を出して良いと言っていますので、失礼します。

父の申しますには、今、仕事が忙しくて、責任者である関係上、手を抜けぬので、8月26～27日頃にそちらに行く事になるとの事です。お父様にその旨お伝え下さい。あと25日余り、長すぎると思うけど、一言も私は、それに対して言えないのです。残念ながら、たいしてお金にもならないのに……でも覚悟を決めて最後の親孝行をしましょう。
お元気でお暮らし下さい。

1950年8月6日　大分県南海部郡米水津村字小浦　葉書　S生

熊本　マー子様

風光美しきこの地に来たりて、7日を経ぬ。連日の炎天下　真黒になり働く。帰って、水泳に或いは将棋に、或いは読書に、島の人となりて遊ぶ。一抹の憂愁を含むわが生活なれども、山は緑、海は青く、舟の帆は白く、肌は黒く、血は赤く、思いは長く、焦燥は久しく、されど諦観に徹すれば、住みよき都となる事を得んか……祈ご健康

1950年8月24日　熊本　マー子

大分　S様

畑の除草もあったんですけど　今日は日直なので朝から学校へ出ました　今日こそはきっとお便りが来る事だろうと　編物などしながら郵便屋を待ちました　しかし只生徒さんからのお伺い状だけでした　一体、今頃どちらにいらっしゃるか　もう大分にお帰りになっていらっしゃる心地してなりません

今日の日直は　誰も来ず　只日直の生徒と3人切りです　暑いのね　朝晩は随分と凌ぎよくなって来ました　きっと涼しくなってから　いらっしゃるんだろう……とも思いました　今日は24日　明日　いや　明後日　それとも　もう少し後？　でも26日よりは　下らないでしょうネ、あなた　上京は9月の何日頃かしら？　ご準備は？　冬の準備は早過ぎるでしょうネ　陽一さんにも送らねばいけないでしょうけど　また小包でもいいでしょうネ

今日、本箱の整理をして雑用紙をためて置きました　1学期中は届けずに済みませんでしたネ　2学期こそ　季節的　又時間的にチャンスですので　頑張って下さい　もう1時過ぎました　昼食に帰ってみます　葉書でも届いているでしょう

昼食に帰ったら規子にお葉書　次に夕方に帰ったら嬉しい電報、……やっぱり今日は良き日でしたわ　父も母もホッとしてか　庭に飛び出して整理しています　祖母は喜んでババさんなりに計画たてて居られます　28日は羊の日でとても日が良い　29日は猿の日で　運がよくないので　その日に客を済ませたい　いつごろお着きになるだろうか？　夜ならば一寸困るし　こんなことを一心に考えています。明朝、電報でお返事するよう　言っていました　私の速達届

いたの？　きっと届いているでしょう　御免なさい　お会いすれば解決するんですけど　胸が痛いのよ　そちらのお父様のご機嫌は如何でありました？　お母様は？　お兄様は？　お父様、お気に召されるかしら　ほんとどきどきなの　心配だわ　丁度その日　学校日ですもの　午前中なりとも顔を出さないとおかしいでしょ？　帰ってからお手伝いします　お迎えには　一寸出られないかも知れません　大事なお父様へのご挨拶はお座敷で　とやら……きっと規子、征子が参ることでございましょう。

一寸滑石に立寄られて、清松に行かれるか　直ぐ清松まで行かれるかは　ご自由になさって下さいませ　こちらの都合が決まりましたら　出迎えの者に申しておきます。

お元気でお出で下さいませ　靴下　シャツはございましたか？　こちらに来られましても勿論アイロンもおかけしますけど　お母様にでも頼んで下さい　上京の準備もなさってよ　皆そう申してですから　25、26、27で届くでしょうネ　又出発後着いたら嫌ネ　お待ちしています　さようなら

1950年9月18日　東京　品川　S生

熊本　マー子様

淋しき微笑みと共に汽車は動く。手に取るハンカチは白し。お父様と熊本駅にて、お別れし

て独り旅、汽車は逆行して、再び高瀬駅を通り過ぎて、貴女が何時間か前に通ったであろうあの踏切を通過した。

下宿代が1000円にあがった。7、8、9と3月分支払った、それに授業料前期2500円也納入した。あとに残る4000円余、（育英会）何とかやっていける積もりでいたが、遂に自炊を決意し、実行に取り掛かった。配給手帳も貰って来た。5合焚きハガマ150円、2人用鍋120円也、購入した。いろいろ研究してその実をあげる積もり。

高校時代の友人に会うのは楽しい。Z氏やF氏には未だ会ってない。お互いに試験だからね。10月2日よりだから、余り手紙は書けぬと思います。悪しからずご了承下さい。

今朝は朝食、味噌汁に沢庵、昼は、パン半斤、夜は、貴女より戴いた佃煮で済ませました。大変助かります。お手紙2通頂きました。とても嬉しゅうございました。

前田君達も自炊を始めたらしく、お互い面白くやっています。隆二さんが試験が早いので、今は専ら私がやっています。（14日）

自炊2日目、起床5時50分、味噌汁飲んで、パン食って、弁当炊いて、登校、眠い、眠い、猛烈に眠いよ。余り便り遅くなるから、この辺で筆を擱くことにしましょう。昨夕は10㎝位の鯵4匹（25円）料理しました。美味しかったです。いろんな道具を買うまでにはなりません。まだ茶碗等、隆二さんの持って居たのを使っています。

キジア台風、大分で随分暴れたらしいですが、そちらは如何でしたか？　心配しています。

お元気でご奮闘お祈り致します。

１９５０年９月24日　東京　品川　S生

熊本　マー子様

先日、陽一さんが訪ねて来てくれました。久しぶりに会うと唯懐かしくて、本当の弟の様に思えて、滑石に帰った様な錯覚に襲われます。

暫くご無沙汰してご免なさいね。何だかとても忙しくてね。考えてみると、規ちゃんも来年卒業ですし、陽一さんも、１人でやって行くようになるでしょうから、あまり気を使い過ぎない様にして……それにね、お父様だって、大変ですよね。私も今つくづく思ってるんだけど、私達の子供を大学にやるには、相当の準備と経済的な安定が必要だとね。良く理解してあげてね。口に出して言うのと、言わないのは、心の大きいかどうかに掛かっているとも思いますが……忍んで下さい。我慢して下さい。あと半年ですよ。

上京して、私と一緒に暮らす様になって「ああ、あの頃がやはり、楽しかったわ」と思い出される事があるかも、知れません。

1950年9月27日　東京　品川　S生

熊本　マー子様
本日は水曜日、ブランクで一日中家に居ました。昨日は自炊に関してのこまごましたご注意有難く拝見しました。

先ず朝食はきまって、味噌汁です。私達の好みは、玉葱、キャベツです。時々ワカメをいれます。勿論野菜が煮えてから味噌を入れます。煮干しは長さ5センチ位のを4匹入れます。味噌は、百メが3日、1日4円の割りで使っている事になります。玉ねぎも1回4円見当になります。昼は今までジャムをつけていたのですが、パン屋でつけるので高くつくのでバター半ポンド52円で買って、今それを使用しています。夜は1日置きに魚を食べます。鯖、鰹です。鰹は少し高いですが旨いですね。魚が一番簡単で早く出来ますね。魚屋でちゃんと料理してくれますから。

今日は中秋の名月、いろいろ思い出しますが……清松から帰る時、「私、酒飲みは嫌いなの、いや、酔っ払いは嫌いなの」「僕、酒は好きです、でも酒に飲まれたりはしません」愛犬のリリが前になり、後ろになってのそぞろ歩きでしたね。

天草旅行取り止められたのですね。メモ用紙に○危ないから、○ご心配かけるから、○面白くないからとありました。　お元気でお暮らし下さい。

1950年10月13日　東京　品川　S生

熊本　マー子様

本日何の前触れもなく「干し海老」と「貝の佃煮」有難く頂戴致しました。丁度昨日試験が済んだばかりで、一寸寛いで居たところへ、小包が届けられました。玄関に飛んで出てみました。貴女の筆跡らしかったけど、違うような気もして、裏返して見ました。貴女よりの小包でした。何だろう？　と胸躍らせながら、荷解きする気持ちは格別ですね。いろんな事に気を配って下さって本当に感謝致します。中身も直ちに口に入ったことは、勿論です。美味しいものの大変有難う。明日は鎌倉へ一緒に連れて行きます。

今日は2週間分の洗濯をしました。一寸肩が凝りました。ウソですよ。夏物を全部　洗ったんです。そして行李の底に仕舞い込むのです。9月13日より10月12日までの支出を送りましょうね。では又……13日夜

鎌倉なんかに行って、人の苦労も知らないで、とお怒りになられるかも知れません。が実は最小の経費で、最大の効果をあげるべく、最善の努力をしました。と申しますのは、藤沢の駅より北鎌倉の駅まで、殆ど歩きました。人が見たらケチンボウと言われる程にね。

とうとう江ノ島から鎌倉一巡りしてきました。緑の江ノ島はとても綺麗でした。写真を4枚撮りました。稲村ガ崎で1枚、鎌倉をバックにして1枚、鶴岡八幡宮で1枚、大仏前で1枚

出来上がり次第お送りします。江ノ島の弁天様もとても良かったですよ。白い波が切り立った崖にぶちあたり、砕けて飛沫をあげています。実朝の殺された所の銀杏の木は亭々として聳え、昔を物語っているかのようです。頼朝公の墓は1間半に2間の石塀に囲まれた中に五つの饅頭を重ねたような物でした。一代の英雄児死して、墓は苔むし、家康の東照宮に比して何と淋しいことでしょう。大塔の宮の土牢は、今も尚保管されて、奥行き一丈　八畳敷きくらいです。その昔28歳を一期としてこの世を去られた英傑の霊の今も猶、私達に何かを訴えているかのような気がします。折しも丁度夕刻　暮色蒼然として辺りを包み、なにか威圧されるような感じに打たれました。建長寺の山門の豪華さに、瞳を見張りました。乱筆でごめんね。七里ガ浜全部歩いて疲れました。陽一さんも一緒したかったのですが、隆二さんの休みの関係で急いだのです。

今日はこれにて。

さようなら

1950年10月21日　東京　品川　S生

熊本　マー子様

その後お元気でお暮らしの事と存じます

年中行事の最たる大運動会も終ってホッと一息ついて、居られる事と存じます。鎌倉にての写真出来ましたので、お送りいたします。

休みになって、東奔西走しましたが、仕事が無くて、本当に手持ち無沙汰に一週間過ごしました。25日より練習開始です。こんな事なら一寸ご機嫌伺いに帰れば、よかったと思ったりします。バスケット部の連中は皆都内居住者ですから、家の事それとなくお願いしてあります。内約なんてこと、東京では出来ませんからね。来年には、本当に来られるのでしょうね。信じていますよ。来られなければ、無理しなくても、いいようにも思います。なんだか、恐ろしいような気持ちなんです。こうして離れているのが一番美しいように、思えるんです。貴女もきっと幻滅を感じられると思います。一寸可笑しい？　と言っても私が、貴女と一緒に暮らすのが嫌いになったなんて、言っているんじゃ無い事はよく判って戴けると思います。

今日も仕事探しに出かけました。然し大工仕事に期限つきなんて、誰でも嫌がりますよね。すごすごと帰る自分が情けなく、哀れで、しまいには他人事みたいに、笑ってしまいましたよ。よく知った人の居ない他国？の地ですから、止むを得ないことですよね。でも一学期は次々と仕事があって、それに育英会が遅れてくれて、本当に助かりました。お蔭で試験を無事受けられたんですからね。生活していくと言うことが簡単な事ではないように思えてきました。陽一さんのとこへも訪ねたいのですが、もし留守だったら？　とか思うとなかなか神輿が上がりません。勝手なことばかり言ってご免なさいね。

自炊の歌

木の葉がはらり落ちていく
風がするり過ぎていく
眠い目こすり米を研ぐ
ひんやりと冷たい感触
七輪の煙もうもうと
植木に立ちこめる
朝、朝だ　しかし
なんの感慨もない
今日もまた
昨日と同じように
暮れていくだろう

1950年11月16日　東京　品川　S生

熊本　マー子様

20日間も便りを出さずに　本当に御免なさい
先日　安東さんのお世話で部屋を見に行きました　家主は熊本出身で話す言葉も熊本弁で私も陽一さんもすっかり　気に入られましたが　肝心の部屋代が2千円で一寸今引越すとなると辛いんです　でも　何処を探しても2千円〜3千円ですから　嫌になります　今の所は千円で　2人で分担してますから　5百円なんです　若し今のところに移ると、電車代を考えると丸々2千円の差になります　2人で住むのはいいとしても　1人では一寸勿体なくて、やはり諦めようと思ったンですが　先方は来年の1月でもいいと言ってくれてるンです　間取図を同封します　ご意見をお願いします。
今関東大学バスケットボール大会秋のリーグ戦の真最中です　陽一さんは2回応援に来てくれました。彼が来ると俄然元気が出ます
商大61－48当校　　商大55－51当校
明大80－50当校　　明大61－37当校
私の奮闘にも拘わらず？今のところ負け続きです　来る11月23日……思い出の日　対法大戦がありますそちらで応援お願いします
では私達2人の10月の自炊の経過報告を致しましょう
これが私達の今後の生活と密接な関係？があるかも知れず検討してみて下さいね
隆二さんとの二人分です。

- 主食……1935
  - パン……735
  - 米……800
  - 小麦粉……340
  - 麦……60
- 魚菜類……599
  - 魚肉……330
  - 野菜……201
  - 果物……40
  - 納豆……20
  - 昆布……8
- 調味料……449・7
  - 味噌……178
  - 醤油……52
  - 砂糖……38・5
  - ソース……10
  - だし……30

黄粉、食用油、バター……………………141・2
燃料費…………………………………280
什器…………………………………288
その他…………………………………61
計………………………………………3612・7

こんなもの、屁のカッパにもならぬと笑ってる姿が見えています。

選考試験

第19回小中高校教員選考について下記により選考を行いますから各事項ご注意の上おいで下さい。

記

日時　昭和26年1月19日㈮午前9時
場所　都立工芸高等学校（国電水道橋下車）
登録番号　3731
身体検査　選考当日指示する
携帯品　免許状、最終卒業証書、万年筆その他の筆記具、弁当、上履き、なお本状は当日及び身体検査の際ご持参下さい。

1950年12月12日？　東京　品川　葉書　S生

熊本　マー子様
お便り有難うございました。
選考試験に来られる由　喜んでお待ちして居ります
某会社に製図に雇われて　お正月に帰れそうにありません
でも　貴女が来て下されば　どんなに嬉しいか知れません
隆二さんは今月15日に帰ります
部屋の件は陽一さんに聞いて下さい　でも落胆なさらないようにね　東京は広うござんすから
バスケットは連敗です　無理です勝つのは　水曜と土曜しか練習してないのですから　やっぱり練習不足？　体力不足？　素質？
身体状態は好調です　お父様を大切に

以上

1950年12月20日？　東京　品川　S生

熊本　マー子様

雪の中を会社に出勤しました　隆二さんが居なくなって、一人になるとご飯炊くのも億劫になり　張合いがないものですね　何となくモヤモヤした気持ち　孤独感？　気分転換にと今日は一人で銭湯に行ってきたんですよ　ノンビリと湯船で手足を伸ばしていると、とてもいい気分になって、たったの10円で　こんなにのんびり　出来るんだナなど思ったりしました。

愈々選考試験に臨まれるべく上京される事になりましたね　試験が19日ですから出来るなら15～16日頃に陽一さんと御一緒の方が私も心配しなくていいと思いますが　家の方のご都合もおありでしょうし　学校の関係もこれあり……早めにご一報下さい　御待ちしております　貴女に何もさせずにご馳走する積もりです　出来るだけ早く来て出来るだけ長く居て下さい　洗足池の家も一緒に見に行きましょうね　出来たら大晦日に帰ろうかナ？　と思ったりして居ます

1951年1月7日　熊本　マー子

東京　品川　S様

今朝御出発なされ今頃はきっと汽車の中でございましょう　マー子は例の通りの仕事を終えて　2階へ上がりました　安子も今日出発し淋しい夜です　慌しいお正月でございました　帰って下さった事がとても嬉しうございましたの　大分は如何だったですか　2泊だったんでしょう？　明日からは愈々学校ですネ　お互いにしっかりやりましょう「立つ鳥跡を濁さず」の気持ちでやります

1951年1月10日　熊本　マー子

東京　品川　S様

新学期の忙しさは格別でございますね　今日で3日目ですけど荷物運びがまだ残っています　愈々今日で学校ともお別れでございます　今日は雨になって仕舞いました。あなたは毎日お通いかしら？　いや昨日は教育庁は如何でございましたか？　今日あたりお葉書を書いて下さいよ　お待ちします。家も急に淋しくなりました　この上陽一さんまで去ってしまえば、又淋しくなるでしょうよ　海苔は毎日やっています　昨日は一寸休業しましたけど　眠たくて失礼しました　ご免ネ　新校舎で昨日宴会がありました　30名の職員で女だけ9人居ますよ　今度は少し楽になるでしょう　局の前を通るし朝急いで書きました

〔電報〕東京　品川　S宛　昭和26年1月15日

十七ヒフタリツクマーコ

1951年1月30日　熊本　マー子

東京　品川　S様

ほんと帰りは淋しかったよ　あなたのお選びになった座席の紳士はあなたの予想通りでございました　本ばっかり読んでいらっしゃいました　大阪から熊本までのお連れも出来ました然し黙って本を読んだり瞑想したりして過ごしましたわ　あなたの咳が気がかりでなりませんでした　ご注意下さいませよ　キツネの襟巻きほんとに忘れてしまいました　どうぞ保存をお願い致します　他に忘れ物はございませんでしたかしら　忘れ物がありましたらよろしくお願いして置きますね　あなた今頃ご勉学でございましょう？　私早速家の仕事で忙しいの　毎夜遅くまで頑張って居ります　あなたのお言葉を思いだしては　働いて居ります　学校は又遅れて学級経営も何もかも恥ずかしいばかりでしたわ　今日初めて生徒と会い馬力を駆けさせられました。又ゆっくり認めます

1951年1月30日　東京　品川　S生

熊本　マー子様

無事帰りつかれた事と思います　独り旅は如何でしたか？　車中誰かとお話するような事がありましたか？　いずれにせよお疲れさまでした。

洗足池の間借の事ですけど、今改造の設計をしているところです。そして概算の費用を算出しています。また　再びあの家（Kさん）に行って家賃を確認しましたところ　500円より多くは取りませんよと云われました。改造の概算費用は　材料費1万5千円位です　人件費は0です　私独りでやります。明細を書いても分からないでしょうがご参考までに……別紙の如し。先方より物置を少し残してくれとの要望があり、別図の様に間取りしました。

期末試験は3月5日より17日までと確定致しました。私達の試験は大体12、13日頃終る予定です。

貴女の合格通知が来ないので　いらいらしています。都庁に行って見ようかとも思いましたが　やめました。明後日頃よりまたアルバイトに行く積もりです。今のところ　病欠として学校の製図を書いています。隆二さんとは　仲良くやっています。そちらは、帰られてどうでしたか？　あまり長かったので　お父さんやお母さんが　どんなに仰ったかが心配です　学校の方もね　でも随分忙しい日程でしたね。この頃はとても暖かい日々が続きます。貴女が来られた頃が一番寒かったように思います。

　家から便りがありました。貴女が居られたら宜敷くとのことでした。父も母も兄も元気です。兄は養鶏に力を入れて居ります。本当に早く良くなって貰いたいです。父の為にも私の為にも、当然本人の為に。乱筆でご免なさい。

　父、母様、祖母様、規ちゃん、征子ちゃんによろしく

洗足池倉庫改造　概算　1951年1月　S. S.

玄関、居間……3畳　台所、茶の間……3畳　押入れ1間の場合

床

柱	3・3寸×3・3寸×13尺	2本	360×2=720
貫	3・3寸×7分×13尺	1本	55×1=55
垂木	1・5寸×1・5寸×13尺	7本	55×7=385
床板	杉4分板	2坪	500×2=1000
縁甲板	檜、並	2坪	850×2=1700
内法	杉3・3	1本	200×1=200
畳	中古	3畳	300×3=900

上敷き	3畳	1枚	600×1=600	
小計			5560	
天井				
廻り縁			120×4=480	
竿縁			600×5=3000	
天井板			300×3=900	
小計			4380	
壁板				
垂木	1・5寸×1・5寸×13尺	8本	55×8=440	
ベニア板		9枚	270×9=2430	
小計			2870	
押入れ				
内法		1本	55×1=55	
柱		2本	300×2=600	
壁板		1坪	300×1=300	
垂木		2本	55×2=110	
襖		2枚	300×2=600	

小計			1665
雑費			
1式			215
合計			14690

〔電報〕宛名　熊本　〇〇　マー子様　1951年2月2日

パス　トモニヨロコブ　S生

1951年2月2日　東京　品川　葉書　S生

熊本　マー子様
合格して本当に　本当に　良かったと思います　胸をなで下ろして　第一難関突破した喜びに浸っています　合格通知表こちらに預かって置きますが、その内容を記しますと

教職発第25号
昭和26年1月31日
東京都教育庁学務部長

小中高校教員選考について面接選考の結果つぎの通り判定されたから通知します

合否	選考年月日	回数
合格	26年1月19日	19
登録番号	氏名	
3731	○○マー子	
月日	再選考の結果	

保留者は採用予定校決定後校長の再選考願いを提出してください
本状を具申書につけること。再発行はしません。合格は一年間有効である。
この合格書が必ずしも採用されるとは限りません。

☆上文中　具申書の意味が判りませんが、貴女には判っていますか？　今後の手続きをどうするか教えて下さい。またこの事をS小学校校長に報告して下さい。

取りあえずお知らせまで

1951年2月6日　東京　品川　S生

熊本　マー子様

お手紙拝見　風邪はすっかりよくなりました故　何卒ご安心下されます様に。本当に今度の旅は大変だった事と存じます。でも井の中の蛙大海を知る良きチャンスだったと思います。怒らないでね　昔から口が悪いンです。

期末試験もあと4週間後に行われます。そして貴女の上京を待って洗足池の改造工事を始める積もりですが、何日頃上京できるか、分かり次第お知らせ下さいよ　本当に私が連れに帰らなくって　大丈夫ですか？

学校への宿題は提出しました。製図も提出し　今会社に行っています。家の改造図を書いて見たんだけどね、どうしても畳敷きの部屋が欲しいんだよね。真ん中に梁が出ていたでしょう　これを隠すと天井が低くなるので　3畳だけ天井を高くとりたいと思うんです。もう一つの3畳は板敷きの積もりですけど　貴女が嫌なら畳にしてもいいんです。畳は古畳ですと大体300円　そして上敷きが600円ですから　900円と600円　計千五百円あれば3畳とれます　押入れは1間ですが　半分に仕切り、片方に布団　一方に洋服などをと　考えています　土間は1間半プラス半畳ありますが　これは先方の要求でもあり　当方としても　七輪を置いたり　炭俵を置いたりするスペースとなります。ベニア板張ったらきれいになると思います。貴女が来ぬうちにやってもいいのですが、相談もしたいし、加勢もして貰いたいので　待つ積もりです。すぐ出来ますから　そんなに慌てなくていいと思います。
合格したけど　あといろんな手続き万端遺漏無きよう充分のご手配お忘れなく。川崎君のノートまだ残っています。これからが大変です。必死モーヤンでやらねばなりません
体重61・5kgとなりました。隆二さんは　26日より試験で頑張っています。既に　12時を過ぎました。又明日は6時40分に起床して、エッチラ、ホッチラ自炊です。

1951年2月11日　熊本　マー子

東京　品川　S様
今日は久し振りの日直でございます　新校舎を珍しがって　征子、美智子までがまいりました　喜びはしゃいで邪魔でしょうがないんでございますよ　もう幾日したらお会いできるかしら　25日が卒業式として26日に出発したら後43日ですわ　まだまだ長いのネ
今、選考試験のことを思い出しています　試験前夜の「愛国心」「日本の武装について」「天皇制について」等々の講義　本当に合格出来たのはあなたのお陰と思っています　自信をつけて下さったあなたのお力よ　随分と心臓を出して受けましたわ　張り切ったのね
隆二さんが試験前で炊事当番を勤めていらっしゃるとはお気の毒さま　朝起きも大変ですネ

お手伝いしたいのですが　あなた方の方がお手際がよろしいかも
洗足池の部屋の件ですが、きれいな図面で父母が喜んで見ていました「此処から上がるここが客室あらら　寝室も兼ねて」と父……母「どうら　押入れは洋服箪笥式にナ」と仕事中の私達を笑わせました　父は又「俺が行くとすると板の間じゃない　この畳の部屋に寝せてくれるだろうね」と言うと皆吹き出してしまいました　本当にお世話かけますネ
実に立派な間取りでございますね　考えてみましたら　押入れは少し狭い思いは致しませんの　2人分の布団、行李、トランク、乱れかごョ　押入れは広い方が片付きますと思うのです　あなたのお仕事の道具だってあるョ　洋服箪笥は嬉しゅうございます　どうぞお願いします　一間半の押入れは可笑しいかしら？(火鉢、お米等)　又そうすると土間が狭くなるでしょうか？　先方に御迷惑なら仕方ございません　一寸思いましたのでご参考まで　経費は本当に借りて下さい　5～6月にきっと3万円以上の退職金が届くそうですから　それまでのお約束でお願いして下さいませんか？　あなたが働いて貯えられたりすると私心配ですので……物価は上がり加減だそうです　1万円、又は1万5千円早く借りて材料を購入なさったら如何ですか？　当てがあると仰っていましたよね
1月から6千円位貰える六級八号になりました　勿論2月も3月もそうですけど3月頃一度に差額は来ると思います　只今4千円貰っています
手続きとしては具申書のことをS小学校の校長先生に尋ねておきました　上等の海苔を天気

が落着き次第自宅宛送ります　あなたももう一度　F先生とこに行って下さらない？
1　報告、御礼（勿論私は文面で出しましたけど　あなたからも一言ね）
2　手続き順序（文面で聞きましたけど　返事を書いて貰うと気の毒だから　あなたが聞いて下さい）
3　上京の日頃（私の上京について3月末でいいかしら）
4　採用の月日（採用の月日が決まったら退職の辞令を出すと云われています　1日でも空白があると何かに困るんだそうです　4月1日採用でしたら3月31日に記入せねば新採用となって具合が悪いそうですから　確かに聞いて下さい）
右お願いします　甚だお願いすることばかりですけど……会社をお休みにならない様にして行って下さい　ではお元気でお暮らし下さい　征子、美智子が帰ろう帰ろうと云ってせがみますのでこれにて失礼します　机をゆすりますので書けません　洗足池に決心しましたわ　よろこんで　では又　さようなら

1951年2月22日　東京　品川　葉書　S生

熊本　マー子様
今晩　くわしく書きますと、葉書が来て既に3日を経て何の返答も無い　人をそんなに待た

せるものではないよ　兎に角書類作成で忙しいのだろうとは思っています　少し暇になったら、一筆頼むよ　ちっとも分からないので、早く知りたい　又出来るだけ早く出て来てほしい　勿論別れは悲しくて一日でも長くそちらに居たいという気持ちは分かるけれども、学校への連絡やF先生への挨拶等も考えに入れると、ぎりぎりに来ると、とても忙しいと思うんだよ　ブラウスやシャツそちらで作るのもいいけれど、先の方に必要な物（たとえば夏物）は貴女が早く来れば、隆二さんが居るから、彼に頼んで、安くて質のいいものを持って来て貰えると思うもっともブラウスなどはしっくり身体に合わねばならぬので、頼むわけにはいかないけれどね隆二さんは24日頃帰るそうだから……

　あの設計でよければ、貴女の来る前に一人でやってもいいのだけれど、何となく相談したい気持ちもあるので、どうしようかと迷っている　どうせ3月17日以降でなければ、着手出来ないのだから（ゲルの件については、未解決、また便りする）

　卒業式にはどうしても居なければならぬのですか？　また卒業式は何日頃ですか？　貴女は何日頃そちらを発たれるのですか？　陽一さんは試験は済んだらしいが、なんの連絡もなくノンキな奴だ、全く、

　お世話になった先生方には、挨拶に行くのが当然と思います。清松の叔父さんにあれでよかったかどうか聞いて下さい　なしのつぶてで　会社2日も休んで行ったのに、連絡位してくれても、よさそうなのに（こんな事、叔父さんに云わないでネ）

ネで終ってご免ネ　乱筆、細字で失礼しました

1951年2月26日　熊本　マー子

東京　品川　S様

とうとう雨になってしまいました。昨日のラジオでは　東京もポカポカ暖かいと申していましたので丁度歯の治療をしながら春の東京を想像してみたりしました

今日は細字のお葉書有難うございました　虫眼鏡が要りそうでしたよ　唯今は考査前の名簿作り又提出物の個人調査書四部の作成に大童でございます　S小学校へ提出すべき書類はやっと一昨日までかかり発送致しました

S小学校長F・M先生よりのお手紙を写します

拝啓　お手紙拝見しました　都の選考に合格されおめでとう御座います　就いては来る3月31日付け退職発令になる様今から　その心構えで学校長にも可然手続方お願いして置きなさい　尚下記書類をお送り下さい

記

1　履歴書　3通

2　身分証明書1通（原籍役場より）
3　選考合格証（身体合格証は私の手許に届いています）
4月5日が入学式ですから　それに間にあえば　結構です　N校長にも宜しく　ご本人は私の熊本師範在職中の生徒でした　右用件迄

F・M

読んでいて少しも気取ったところのない御態度だと思いました　早速N校長にもお見せして退職期日の事等お願い致しました　履歴書用紙も特別に立派なものを3通頂き発送したのでございます　学校のことは一寸安心致しました　まさか書類万端を眺めて解消する事もございますまいネ　御礼の事等ご相談したいと思います
次に私の上京の予定を申します　卒業式が20日から23日頃と推定されます　小学校は30日ですが、中学校は早いの　でも1、2年はございます　いつも27日頃成績表を渡していました24、5、6、日頃が成績交換（中学校は教科担任だから）そして通知表記入　学籍簿記入だろうと思います　私は卒業式までに全部を終らせたいと思っています　卒業式に無理に顔出さないでいいと思いますが　成績を各先生から頂かなくてはいけないので　そう早くは集められないと思います　1日も早く行きたいのですけど　もう一度学校や父に話してみます
家の工事の方は3日位で済むのかしら　私25日に着くとして　26～28日までかかるわネ　一

緒にお手伝いしながらやるのも理想的ですね

ものすごい雪でございましたそうですネ　ラジオ、新聞でよく知っていました　その大雪の中をやっとF・M先生のお宅まで　お訪ね下さいましたってお気の毒でなりません　私、あの行を読む時は思わず目を瞑りました　悪かったわ　お許し下さいネ

F・M先生からもお葉書頂きました　やさしい先生のお心に感謝致します　それと共にあなたにも敬意を表します　ホッホッホッ……ウソでないのよ　内容は手続きの方法を書いてありました　でも発送した後でしたので　その旨お侘びしながら　出して置きました　何処までも優しくお世話下さいます先生方へご挨拶に行かなくてはいけませんわ　又連れていってネ　まだ一人では行けそうにないのよ　それはそうよ、いつも夜ですもの（完全に本道を帰った事がないいね　あそこだけは）

あなたは今日あたり猛勉強なさっていらっしゃるでしょう　もう1年余りの東京人ですわねいいわネ　私これからよ　助けて下さいます様お願い致します　荷は後で送ります　住所は分かりました　もう暗記して居ますの　毎夜12時まで海苔をやってます　特殊技術師の腕で　海苔をやると手が震えて字が書けませんので失礼してしまうの　また疲れも一時にまいりますので　今夜は久し振りの雨で休みでした　明日はお休みだから規子と二人海へ行く約束をしています　もう最後かも知れません　うんと頑張ってまいります。考査前で大変でございましょうこの1月私もあなたも多忙ですわ　お互いにがんばりましょう

4月5日は入学式です　連れて行って下さいませ　東京弁にも少し慣れないと挨拶にも困りますのでネ　挨拶の練習から教えて戴かなければネ　と思っています……さようなら

1951年3月8日　東京　品川　葉書　S生

熊本　マー子様

未知数Xが定数Aになる頃、ぼつぼつ注意した方がいいと思います　ご心配だろうと想像して居りますゲルの方は8千円都合つきました（但し8月迄の期限付きです）ご安心下さい　本日・試験3日目どうやら無事済ませました。後4日です　材木があの頃（予算編成時）より高くなっているのでガッカリです　又釘も予想以上に高値で本当に困ります

若し貴女が遅くなるようなら一人でやっておきますが、後で文句云われるのが嫌でネ　今少し連絡があってもいいと思うのに泰然自若としているのには感心したり、物足りなかったり何か事情があるのかと思ったりして居ます　清松の叔父さんとこ、証明下付願、着いたでしょうか　また確定申告、間にあったでしょうか　一寸聞いて下さい

1951年3月16日　東京　品川　S生

熊本　マー子様
22日に出発出来るとのこと、本当によかったですね　過ぎ去りし1年のことを思えば万感胸に迫るものがあります　長かった、実に長かった、でも私達の夢が今実現しようとしているのです　喜びは言い表す事は出来ません
23日午後8時品川駅で私は待ちます　列車から降りたら、決して動いてはいけません　私がホームを探しますから　少し勝手が分ったからといって　お互いに探し歩いては却って分り難くなりますから
次に岩井さんとこへのお土産はウニがいいと思います（下関か門司で売っていると思います）布団はKさんとこへお送り下さい。念の為、送り先を記します
東京都大森区○○町○○○番地K・K
今ね、ベニヤ板を除いて材木は全部買い揃えてあります　17、18の2日・会社を休んで床組みをやりたいと思います　電灯の配線も必要です　いろいろとお忙しいと思うので　一人でやれるところは、出来るだけやって置く積もりです
今日は14日です、あ、もう15日です、午前1時ですから　この手紙が着くのは、きっと17日か18日だろうと思います。その頃ネジリ鉢巻で大工をしているとご想像下さい

実は12日に試験が終了して、13、14日と会社に出ました　今日も行く積もりです　でも、17日締切りの製図と「日本住宅の改良」というレポートの提出がありますので　仕事から帰って一苦労なんですよ　で毎日夜は1時過ぎです　乱筆でご免なさい

一時は27日頃と諦めていたのに、本当に良かったと思っています　学校の皆さんも一生懸命ご協力ご援助して下さった結果だろうと思っています　これも貴女の人徳の表われでしょうか？

隆二さんは24〜25日頃帰るそうです　それまで私の加勢をしてくれるとの事です　今日から列車の暖房がなくなりました故汽車の中で風邪をひかぬ様充分ご注意して下さい

体重59・5kgに減りました。油物が食いたくって仕様が無いんですが　彼が好みませんので……

お葉書拝見しました　京都に一泊される由　それも宜しいでしょう。24日品川駅でお待ちします

著者：柴家　茂（しばいえ　しげる）

1925年大分県生まれ。大分県立大分工業学校、陸軍航空士官学校（60期）、旧制第五高等学校、東京工業大学建築科卒業。食品会社工務部約30年間勤務。

編者：柴家　嘉明（しばいえ　よしあき）

1958年東京生まれ。英語教員。著書に『「英語の名詞の使い方」から「英語の名詞の抽象化」まで』（東京図書出版）がある。

一人の父親が息子の為に書いた自分史

2016年９月４日　初版発行

著　者　柴家　茂
編　者　柴家嘉明
発行者　中田典昭
発行所　東京図書出版
発売元　株式会社 リフレ出版
〒113-0021　東京都文京区本駒込 3-10-4
電話 (03)3823-9171　FAX 0120-41-8080
印　刷　株式会社 ブレイン

ISBN978-4-86223-980-8 C0095
Printed in Japan 2016
落丁・乱丁はお取替えいたします。

ご意見、ご感想をお寄せ下さい。
［宛先］〒113-0021　東京都文京区本駒込 3-10-4
東京図書出版